融美乐创

儿童视角的小学教育新样态

陈飞 著

上海交通大學出版社
SHANGHAI JIAO TONG UNIVERSITY PRESS

内容提要

《中国教育现代化2035》提出"促进德育、智育、体育、美育和劳动教育的有机融合"的教育发展目标，即"五育融合"教育。"五育融合"是对"怎样培养人"这一问题的科学回答，强调了个体发展的5个维度。本书围绕"融合"发展理念，分"融美乐创""循美而行""润美而生""慧美而育""志美而历""尚美而治""和美而建""向美而长"等八大部分，理论结合实践案例，阐述作者带领全校教师所进行的特色实践及对未来教育的思索。

本书适合一线教师、校长及教育研究人员阅读。

图书在版编目(CIP)数据

融美乐创：儿童视角的小学教育新样态/陈飞著
.—上海：上海交通大学出版社，2023
ISBN 978-7-313-28665-9

Ⅰ.①融… Ⅱ.①陈… Ⅲ.①小学教育—研究 Ⅳ.
①G62

中国国家版本馆CIP数据核字(2023)第078390号

融美乐创：儿童视角的小学教育新样态
RONG MEI LE CHUANG: ERTONG SHIJIAO DE XIAOXUE JIAOYU XIN YANGTAI

著　　者：陈　飞
出版发行：上海交通大学出版社　　地　　址：上海市番禺路951号
邮政编码：200030　　电　　话：021-64071208
印　　制：苏州市古得堡数码印刷有限公司　　经　　销：全国新华书店
开　　本：710mm×1000mm　1/16　　印　　张：13.75
字　　数：211千字
版　　次：2023年6月第1版　　印　　次：2023年6月第1次印刷
书　　号：ISBN 978-7-313-28665-9
定　　价：68.00元

自 序

泰戈尔曾说："教育的目的应当是向人类传递生命的气息。"这是追求真、善、美的内在基础，也是践行社会主义核心价值观的关键所在，如此才能创造充满温暖和生机的教育生命。

自担任校长以来，我一直在思考"为谁培养人""培养怎样的人"和"怎样培养人"的核心问题。

首先，"为谁培养人"。学校中的每一个学生不仅是家庭的希望，更是实现中华民族伟大复兴重任的建设者和接班人。深知自己责任在肩，使命在身，为此，我坚定信念：要争做心怀梦想、勇于担当、坚定理性的改革者、实践者。

其次，"培养什么样的人"。教育要让学生具备扎根于自己文化身份的品格与价值观，并且具备核心素养和关键能力。对此，全校形成共识：要积极培养心中有爱、眼中有光、行动有力量的未来创造者。

最后，"怎样培养人"。创新是民族的灵魂，也是学校发展的命脉。张江高科实验小学（简称"高科实小"）是一所充满活力、快速发展的学校。我在通过"倾听来自你的声音"全面了解学校现状和未来期待的基础上，积极思考"如何在守正中传承，在发展中创新"。我们坚持以学生为本，遵循儿童成长规律与教育规律，秉承"人人有自信、处处有合作、天天有追求"的办学理念，基于张江科学城区域特点和优势，积极传承优良办学传统，提出"融·创"文化愿景，通过学校课程建设的升级迭代、教师"远航"计划的实施、智慧学习空间的打造等创新举措，探索构建"融·创"文化引领下的学校优质发展新样态，努力推动学校稳定、健康、可持续发展。

对于"为谁培养人""培养怎样的人"和"怎样培养人"这三个问题的回

答，构成了学校“融合中创生美”的教育导向。追寻这个方向，我们积极寻找学校各类课程优化发展的生长点、突破点和创新点，引导学生在创读、创玩、创思、创行中向美而生，感受学习乐趣，激发探究兴趣，体验多彩童趣，实施科创基因的赋能发展，挖掘课程的育人之美，以此积极引导、培育学生“融”入未来社会，“创”造美好生活，为成就幸福人生奠基。

转眼间，我担任高科实小校长已四年有余。在这四年多里，我带领全校教师共同探索学校教育的改革之道，思索未来学校的建设之道，认认真真做事情，扎扎实实做教育。随着经济与社会发展的系统性变革，学校教育正面临新的机遇与挑战。在未来教育这一趋势的引领下，我们又一次承担起时代赋予的使命，踏向未来社会。我的思索未曾停歇，学校的实践也未曾停歇，教育的发展更是未曾停歇。

2023 年初，ChatGPT 横空出世，引发全世界对人工智能未来的探讨，教育界也逐渐形成一个共识：在人工智能的浪潮下，教育将面临更多的不确定性和挑战。未来教育将如何发展？未来学校要如何建设？未来学生会如何学习？未来教师应如何成长？在对这些问题的思考中，我不断更新自己的教育理念，带领全校老师共同实践、共同探索，用心、用情、用行引导着学生们，激发他们终身发展的潜力，培养他们面对未来社会的能力。怀揣着对未来更美好的教育之追求和向往，我将自己的思考与学校的实践整理结集成本书，以期与各位同仁共同探讨。

陈　飞

2023 年 3 月 18 日

目 录

第一章

融美乐创，教育的新样态

学校是实现人的生命意义与价值的地方，对于每一个生命个体的尊重与支持应更好地落实于温暖实在的教育行动之中。人具有内在自我发展的动因，教育的核心就是对生命能量的唤醒。

作为校长，我始终站在儿童的立场，思考并尝试去回答“为谁培养人”“培养怎样的人”和“怎样培养人”的教育根本问题，坚持“教育是一种生命能量的唤醒”的教育主张，积极倡导教育应呵护、关怀人的生命意识，认为学校须回归教育主场，鼓励学生站在成长舞台中央，在有温度的教育影响下，清晰认识自我生命潜能，大胆追寻自我生命价值，自信展现自我生命精彩。

在办学实践中，立足张江高科实验小学的发展，我逐步确立“融美乐创”的办学主张，遵循教育规律，融汇优质资源，积极创设美的教育样态，引导学生们做好融入未来社会、创造美好生活的全面准备，培养心中有爱、眼中有光、行动有力量的未来创造者。

第一节　融美乐创的价值追求

作为校长，我一向尊重学校的办学传统与发展基础。约四年前，在调任高科实小后，我将自己的教育主张与学校实际相结合，提出了“融美乐创”的办学主张，秉承“人人有自信、处处有合作、天天有追求”的办学理念，确立了“让校园成为师生共同幸福成长的创造乐园”的办学愿景，并在教育实践中逐渐扎根与生长，继而也逐渐成为引领我们高科人共同坚守、坚定前行的

“动力之源”。

融美乐创，即坚持育人为本、德育为先、五育融合，遵循儿童成长的规律，融合各类资源，创设美的教育样态，激发学生的创新意识与能力，为未来的美好人生打下生命底色。在办学实践中，学校以立德树人为根本任务，着眼于变革育人方式，推崇向美的育人文化，研发尚美的课程体系，架构慧美的激励机制，创设和美的育人格局，引导学生尚德明理有厚度、乐学善思有深度、自主健康有宽度、尚美乐创有高度、实践服务有温度，积极培育“心中有爱、眼中有光、行动有力量的未来创造者”。

一、学思悟行，现代学校教育之味

（一）学——现代学校之精神所在

人类社会进入21世纪，社会生产方式从劳动力依赖转向科技依赖，物质从短缺到日益丰盈，智能化重新定义社会生产、生活以及交往，人的解放和自由带来新的精神挑战，随之产生的现代学校的精神特征表现为：获取知识、保存和传递文化更多让位于网络，工业生产让位于人工智能，历史上学校存在的价值基础动摇，精神建构成为新的使命。华东师范大学戚业国教授认为：学校的使命和价值在发生根本变化的同时，体现出以下几方面的特点。

一是学校是实现人的生命意义与价值的地方，人本是价值基础；二是学校的工具价值通过本体价值实现，价值引领是基本特征；三是学校围绕人的价值实现促进生产力、社会治理和文化传承的发展；四是学校是学生生活和成长的地方，将越来越注重体验感受，支持成长；五是学校环境表现为个人学习、群体成长，资源学习、教师引导，自主学习、社群进步；六是学校是社会模拟场、文明博览园、精神共同体，教师是平等对话者、指导者和帮助者，学生是自主发展者、尝试与探索的实践者。

（二）思——学校教育之核心所在

学校是一个有着鲜明价值追求的机构，注重价值引领，践行价值领导，建构基于价值精神的共同体。学校关注教师精神生活，以共同的理想与目标凝聚教职工；注重学生的价值引领，以价值与意义建立学生成长激励机制。注重学校精神文化建设，注重人的精神成长，以使命与责任支撑意义与价值，学校将始终充满生机与活力，充满希望与探索。

教育既要有仰望星空的梦想，更要有脚踏实地的实践。教育是把自然人转化成社会人的过程。教育的核心就是唤醒。学校教育是社会生活的准备，应为学生找到激发潜能之路，将学生培养成为具有适应力、选择力、对社会有用的人。这既是一个培养目标问题，也是教育的社会价值问题。

人具有自我发展的内在动因，教育应该呵护、关怀、激发学生内在发展的潜能，使学生能够清晰认识自我生命的潜能，大胆去追寻自我生命的价值，自信地去展现自我生命的精彩，做好融入未来社会、创造美好生活的全面准备。教师的职业价值就是通过实施有意义、有意思、有温度的教育，实现立德树人，育生命自觉，引导学生追求全面而自由的发展，培养具有爱国心的现代文明公民。

（三）悟——践行于行之方向所在

学生是一个不断发展的独立的生命个体，尊重每个学生的生命本性是教育以人为本的起点和基石。作为校长，对每一个生命个体的尊重与支持应更好地落实于温暖实在的教育行动之中。从教育理念和价值观的引领，从环境创设和课程研发，从校长与学生间的相处细节，从作业的布置及评价方式等全方位体现对于每一个学生的尊重、信任以及用心关注。实践中要切实把握、践行以下三个方面的原则。

一是遵循人文性原则，从约束性向发展性转变。教育要遵循生命所具有的完整性、自主性、超越性、独特性等特性，能够践行人文关怀的教师才是有影响力的教师。我们倡导教师要蹲下身，平等尊重学生；仰起头，倾听读懂学生；摊开手，悦纳理解学生；握紧拳，关怀激励学生。以此激发学生潜能，促进成长，使他们成为对社会、自我都更有意义的生命存在，使教育成为价值引导和自主构建相统一的过程。

二是遵循情感性原则，从单向性向双向互动式转变。“生命世界是一个生命能量交换场，每个人在生命成长中都需要不断地补充能量，同时也为他人的生命提供支持能量……生命教育本身就是生命影响生命、生命陶养生命的过程，就是给个体生命注入生命能量的过程。”[①]立德树人，以德为先。品德的形成过程包括知、情、意、行，而德育主客体双方情感的交融是关键。没有情感传递的教育，难以触及学生心灵，要充分发挥情绪情感的弥散性、激励性和感染性的功能，高度重视调动学生的情感，在师生互动、生生互动中满足生命需要。

三是遵循体验性原则，从封闭式向开放融合转变。体验是个体对感受的再感受，对知觉的再知觉，对经验的再经验。人是在对外部世界的体验、感悟与理解中深达内心而获得生命成长的，而不是在自我封闭中自发生长的。离开了学生的真实生活和情感体验来谈教育，无异于无本之木。

要实现教育方式的真正变革，需要通过搭建平台，为学生创设丰富多彩的实践体验机会，在实施过程中尊重不同年龄阶段，不同个体学生的生命特征，在课堂内外的参与、实践中调动学生全部感官，使之整体积极参与。在师生互动、生生互动中把知识学习变成学生生命需要的满足过程，提升感受、加深理解。让每一项活动都能走进学生的生活，成为学生一次次的生命体验过程，让学生得到丰富的实践经验，了解生命之珍贵，感受关爱之温暖，从而对生活充满信心，激发他们创造生命之美的热情。

二、唤醒生命能量，奠基生命之美

教育是一种生命能量的唤醒。那么，是唤醒谁的生命能量？应该如何唤醒生命能量？又要唤醒怎样的生命能量呢？在教育实践中，我们始终用教育情怀解锁生命密码，推崇向美的育人文化，研发尚美的课程体系，架构慧美的激励评价，创设和美的育人场域，彰显出至真至善至美，唤醒学生的生命能量、唤醒教师的生命能量，为师生“美的生命”奠基。

---

① 刘慧. 让生命回到教育的主场[J]. 人民教育，2020(7)：28—31.

(一) 推崇向美的育人文化

习近平总书记提出："道不可坐论，德不能空谈。"[①]社会主义核心价值观要从落细、落小、落实入手，应遵循学生成长规律。我积极主张道德源于生命而又超越生命。道德教育要在尊重自然生命的基础上不断超越，实现精神生命的提升与充盈，引导生命获得意义。在实践中，学校应积极营造向美的育人文化，激发学生生命成长动力，挖掘学生内在潜能，使小学生在对生命美的探究与理解中，形成融真、善、美于一体的生命体验，从而提升道德境界，完善德性结构，满足德性需要，实现道德上的升华，这是人所应拥有的精神家园。

实践中，我们坚持"以人为本、以情为要、以美为魂、以动为重、以悟为贵"的原则，以喜闻乐见的方式增强学生对"生命之美"的情感体验与理性认识，使教育主体不再被动，使教育的过程也不再生硬而具有美感，让每一个学生都能触摸到"真"的力量，觉察到"善"的导引，感受到"美"的熏陶，这是引导学生践行社会主义核心价值观的关键所在。

学校如何紧密依托地域优势，党政合力以丰厚上海市文明校园建设内涵为目标，坚持立德树人、涵育文明、赋能助力，积极营造向美的育人文化，也是我作为一名校长需要积极思考、用心实践的重要课题。我主张在文化育人中着眼于精神引领，着力通过向上、向善、向美的文化熏陶，引导学生发现、感受、创造生命美、生活美、生态美，在真实的教育情境与活动中获得生命体验，从而唤醒生命意识、感受生命力量、欣赏生命美好、领悟生命艰辛、提升生命质量、享受生命快乐、创造生命和谐，感悟生命价值，收获生命成长。

(二) 研发尚美的课程体系

1. 尚美的课程体系架构

于漪老师说：教育是一项伟大的事业，一头挑着学生的今天，一头挑着

---

① 习近平. 习近平在北京大学师生座谈会上的讲话[EB/OL]. 新华社，2014-05-04[2023-03-10]. www.gov.cn.

国家的未来①。做人的根本是道德,成才的根本也是道德,育人先育德,心美引善,归心向善,学校课程有着其独特的育人价值。我主张在课程育人中融入价值观引领,不断深化课程体系建设,完善课程内容,着力构建生命化课堂,实施智能化评价激励机制,以此积极寻找学校各类课程优化发展的生长点、突破点和创新点,引导学生在创读、创玩、创思、创行中感受学习乐趣,激发探究兴趣,体验多彩童趣,实施科创基因的赋能发展,挖掘课程的育人之美,以此积极引导、培育学生“融”入未来社会,“创”造美好生活,为成就幸福人生奠基。

2. 尚美的教学改革实践

教育学中有一条基本规律就是教学具有教育性。教学是手段不是目的,我们要通过教学手段达到育人的目的。各学科教学是育人的主渠道,课堂的主体是成长中的生命,因此要从生命的高度,用动态生成的观点落实学科育德。具有生命力的课堂是以学生为主体,教师为主导,课堂为阵地,师生之间开展的一种充满生命活力的思想、文化、情感交流活动。我积极倡导课堂应成为师生生命相互激活、彼此成就、共同成长的场所,以此展现唤醒生命能量之美。学习不是被动接受,而是生活、生长的过程,不是被动等待,而是参与、体验的过程。让学生在关注生命、生活、生态中思考、体验、感悟,逐步树立起正确的人生观,使他们懂得人活着就是为人类谋幸福,生命的价值在于奉献大小,而不在于索取多少,以此充分发挥学科育人价值。

(三)架构向美的激励机制

每一个学生都是一个鲜活而独立的生命个体,学生们的每一次经历都是一份成长,而每一个点滴的成长都能汇聚成一笔宝贵的“才”富。为此,学校架构“高科才富成长营”激励评价体系,以此让评价成为记录仪,为学生留下成长的美好掠影;成为导航器,为师生增进心灵的互动沟通;成为催化剂,为家庭创设陪伴的温暖时光;成为发动机,为儿童开启美好的明天。在“以德为先、素养导向、全面发展”评价理念的引领下,学校关注多版块、多维度、

---

① 颜维琦,孟歆迪.于漪:教师心中要有中国的灯火[N].光明日报,2020-02-01.

多主体，过程性、阶段性和终结性评价相结合，形成助力学生成长的激励评价系统。这一系统具体体现这样几个特点。

一是评价版块覆盖全、维度广。评价内容涵盖德智体美劳各版块，家长、教师、学生等多元主体根据不同教育场景展开评价，体现全员、全过程、全方位综合评价导向。二是评价指标指向明、操作实。我们依据《小学学科基于课程标准评价指南》和学科特点确定各学科评价的具体指标，多途径获取数据。三是评价活动频次高，收获多。学校搭建激励平台，促进各评价主体即时评价，让学生即时收获成长的喜悦，激发他们的学习兴趣，形成家校共育场域。

（四）创设和美的育人场域

1. 家校心手相牵，携手共育之美

在倡导多元开放办学的理念指引下，积极架构全员、全程、全方位协同育人的格局，创设充满温暖和生机的“教育生命场”，对于守护学生成长的重要意义愈发凸显。在建构校家社协同育人格局的实践中，我们以“互助共建，互伴共学，互爱共乐，互信共赢”为原则，积极构建“多元、开放、统整”的立体化育人格局，以“线下＋线下”相结合的形式开展常态化研讨和主题式集中研讨，形成了经验随时可分享、困惑随时有人帮的局面，深受家长欢迎。

2. 校际联动联享，共研发展之美

学校办学需要进一步打破学段边界、打破学校围墙、打破教师的思维定式，在破与立的优化循环中有效促进办学品质的持续提升。如孩子们从幼儿园进入小学，并不仅是单纯进入了以学科知识体系为逻辑的学习，也将亲历从学习的心理逻辑出发，面向真实生活世界的符合内在需要和天性的综合活动课程，以此持续增强时间管理、情绪管理、任务意识、同伴合作、表达表现、反思改进等意识和能力。高科实小作为上海市小学低年段主题式综合活动课程的试点学校，主动与幼儿园深度“融”合，“汇”聚力量，携手探索出帮助学生们顺利“衔接”赋能的好方法。

真正的教育，是一个灵魂唤醒另一个灵魂！优质的教育生态，是一个校园链接另一个校园，一种文化影响另一种文化，一段成长促发另一段成长！

唤醒生命能量，回归教育主场，让学生享受有温度的教育；让老师们在践行立德树人光荣使命的过程中，真切感受教育所带来的尊严和幸福——这就是我们坚守初心并努力追求的教育应有之义，也是教育最具温暖与祥和之美的样态！

第二节　融美乐创的内涵阐释

在二十几年的教育生涯中，我始终坚持“教育是一种生命能量的唤醒”的教育主张，并在不同学校、不同时期，通过立足实际、积极探索，不断丰富对于这一教育主张的内涵诠释，不懈追求学校教育的真谛。这些年来在张江高科实验小学的办学实践中，我的教育主张与学校的“融·创”文化愿景进行了无数次的碰撞、融合，最终形成了融美乐创的办学主张。

融美乐创，聚焦回归教育的本质，唤醒人的生命自觉，激发人的生命能量。融美乐创，倡导在尊重生命生长规律的前提下，以满足学生成长需求为导向，以提升育人价值为导向，以激发创新意识为核心，积极创设美的教育样态，为其品格美、人格美、心灵美的培养奠定基础，从而在“求真、崇善、向美”的过程中，获得情趣、认知、精神、行为上的成长。

一、融美

(一)“融”

1.“融”：教育理念新发展

自高科实小建校以来，我们紧跟时代发展需求、社会人才需求与国家育人目标，不断创新教育理念、深化课程改革，逐渐发现“融”在教育教学中的重要作用。结合熊彼特的融合创新理论、詹姆斯·比恩的课程统整理念及陶行知“生活即教育、社会即学校、教学做合一”的生活教育理论，最终将“融”纳入学校教育理念，成为学校“融·创”文化与融美乐创办学主张的理念基础。

融，融合，融合是一种教育方式。我们整合学校、学生家庭、周边社区、各级平台、各类社会教育场所的各种来源、各种形式的教育资源，通过课堂教学，引导学生自主学习、实践探究等途径，开展育人工作，开创育人新局面。

融，融为一体，融为一体是一种完备的课程体系。学校依据儿童成长规律、教育规律、《义务教育课程方案(2022年版)》和各学科课程标准等相关的理论与政策，高质量地实施国家课程，开设内容丰富、多元多样的校本课程，共同形成具有鲜明特色的学校课程体系。

融，融会贯通，融会贯通是一种知识内化的外在表现。学校以素养为导向，严格落实各学科学业质量，积极开展综合性教学活动，促使学生举一反三、融会贯通，加强知识间的内在关联，促进知识结构化，提升综合运用各学科知识解决现实生活问题的能力。

融，和乐融融，和乐融融是一种和谐的师生、生生、校家社的关系。学校一直倡导"平等、对话、交流"的师生关系，尊重学生的自主精神，倡导师生心理相容、心灵互相接纳，鼓励学生富有个性的思考与探索，践行"当仁，不让于师"的精神，努力形成求同存异、教学相长的新型师生关系。同时，同学之间相互友爱、共同成长。全校人际关系和谐，和乐融洽。

2. "融"的内涵

融，融合，是一种教育方式，即融合各类优质教育资源、依托多元丰富的教育途径开展学校教育。共包括以下几个层面的内涵。

"五育"的融合，即以德育为先，以智育为重，以美育为要，以体育为基，以劳动教育为重要补充，回归教育本源，注重五育融合，培养德育体美劳全面发展的完整的人。

历史与未来的融合，既注重中华优秀传统文化的传承，又注重现代文明的发展，促使学生在传承中发展、在发展中传承，赓续传统文化；既注重人类文明的历史传承(包括中华优秀传统文化、世界优秀民族文化等)，又注重培育学生的未来眼光，使学生拥有国际化视野及可持续发展的能力，培养终身发展的、面向未来的学生，培养"有德行的未来创造者"。

虚拟与现实的融合，即借助大数据、互联网、物联网、人工智能等信息技术赋能学校教育教学，创建智慧校园，探索具有融创特质的"四有"课堂，转变教学方式与学生学习，促进师生共同发展。

校家社的融合，即汇聚学校、家庭与社会的教育资源，构筑校家社育人联盟，形成校内校外育人合力，全面提升学生综合素养。

（二）“美”

美，美好，是一种教育样态，即遵循学生的成长规律与教育规律，通过综合运用各种教育资源、教育方式，最终达到具有和谐之美的“各美其美、美美与共”的教育样态。这方面共包括这样几个层面的内涵。

向美的育人文化。向美，即向往美好、追求美好。向美的育人文化，即打造优美的校园环境，以高品位的环境文化陶冶人；营造向美的校园文化，以高品质的美好生活引导人，从而引导学生热爱美、向往美、追求美，向美而生。

尚美的课程体系。尚美，即崇尚美好。尚美的课程体系，即以学生素养发展为导向，以充足的国家课程与地方课程、可选择的校本课程、寓教于乐的综合实践等各种课程与活动为架构，以五育和谐、体系完备、特色育人为重点，打造全校课程体系，引导学生鉴赏、感受、创造生命的美、生活的美、生态的美，以美立学、以美育人，培养尚美学子。

慧美的激励机制。慧美，即聪慧美好。慧美的激励机制，即结合小学生学业质量绿色评价体系与“雏鹰争章”活动等，构建促进学生全面发展的激励机制，让学生慧学习、慧创造、慧生活、慧发展，培养仪态美、行为美、智慧美、品德美的学生。

和美的育人场域。和美，即和谐美好。和美的育人场域，即倡导以美育人、以美化人、以美培元，构建学校特色的大美育体系，凝聚学校、家庭、社会的育人合力，引导学生感受自然美、生态美、艺术美、社会美、科学美、文学美、生命美，提升学生欣赏美、体验美、创造美的能力，从而使学生为融入未来社会，创造美好生活，成就幸福人生奠基，使学校融入教育改革，创生美好生态，让校园成为师生幸福成长的创造乐园。

（三）融美

融美，即融合一切可利用的教育资源创设美的教育样态，为学生构建美的学习氛围，以美育美，美美与共，鼓励学生绽放出独特的生命之美，为美好人生奠基。

融美的校园环境，融美的校园风尚，创设美的育人文化，让学生沉浸在美的环境之中，感受人生之美。

融美的课程内容，融美的课程资源，创设美的课程体系，让学生沐浴在美的课堂之中，领悟知识之美。

融美的教育管理，融美的师资力量，创设美的精神世界，让学生徜徉在美的守护之中，品味童年之美。

融美的家庭氛围，融美的社区资源，创设美的支持系统，让学生翱翔在美的社会之中，体会世界之美。

二、乐创

（一）“乐”

乐，乐学。《论语·雍也第六》中载：“子曰：‘知之者不如好之者，好之者不如乐之者。’”我们要创设乐于学习，主动学习的环境，开发师生潜能，培养师生主动学习的习惯、意识和能力，建设学习型、发展型校园。这方面共包括以下几个层面的内涵。

学生自主学习、个性化学习。我们倡导自主、探究式学习，鼓励个性化学习与合作式学习，引导学生探索未来学习方式，提高学习能力，综合利用学校、家庭、社会等各类学习资源广泛学习，发展学习能力，提高综合素养。

教师终身学习、专业发展。教师牢固树立终身学习观念，积极主动地提升自己的专业能力、信息化能力等综合素养，以适应教育现代化发展的时代挑战，成为符合“四有”标准、适应新时代教育内涵发展新需求的高素质教师。

管理团队积极学习、不断进步。学校管理团队不断学习先进的教育管理理念，以先进的办学思想引领学校各项工作不断创新，推进学校现代化治理，全面提高教育质量。

（二）“创”

1. “创”：办学理念的延伸

张江高科实验小学一直秉承“人人有自信、处处有合作、天天有追求”的办学理念，激发师生自信心与创新意识，促进师生合作，激励师生主动发展，建设学习型学校。其中，“天天有追求”正是“创”的原点。追求是学校发展的动力，精益求精、协作精进既是发展的体现，也是创新的表现，更是追求的核心。

教育是一种生命能量的唤醒。每一个生命都是一粒神奇的种子，蕴藏着不为人知的神秘，需要用这世间最美好与最神奇的能量才能唤醒它。用一种生命能量唤醒另一种生命能量，其内在是生命能量之间的传递，是生命能量的再创造。

创新是高科实小发展的灵魂。高科实小坐落于张江高科技园区，一直秉承园区的科技创新思想，将其融入学校教育教学工作中，始终立足“创新”求发展，将“科创”与“实验”有机融合，创新教育理念，建构以学生创新性学习为中心的学校发展机制，不断推动学校内涵发展。

创新是学生发展的重要目标。学校明确提出“培养心中有爱、眼中有光、行动有力量的未来创造者”这一目标，引导学生在创读、创玩、创思、创行过程中激发潜能，使之创造性、个性能力得到充分的开掘与全面的发展，着力培养有理想、有本领、有担当的乐于创新创造的学生。

创新是教师发展的重要标准。学校一直致力于建设一支“仁爱崇德有温度、合作乐研有高度、学识扎实有深度”的具有融创特质的高素质专业化创新型的师资队伍，而“敢于质疑、大胆创新、积极探索”正是教师成长的重要特征。

2. “创”的新内涵

创，创新，敢于打破陈规，彰显个性，精益求精。创新素养，是学生发展的核心素养之一，也是教师成长、学校发展的重要因素。这方面共包括以下几个层面的内涵。

培育学生创新创造能力。激发学生学习兴趣与创新思维，引导学生自主学习、合作学习、探究学习，鼓励学生大胆质疑、想象、标新立异，提升实践探索能力，积极发展理性思维、创新思维，努力做一名有理想、有本领、有担当的阳光少年，最终成长为心中有爱、眼中有光、行动有力量的未来创造者。

提升教师创新性教学能力。面向未来社会，积极探索未来教育，探索具有融合特质的“四有”课堂模式，运用信息技术赋能课堂教学，以学定教，提升教师创新性教学能力，使之主动发展为一支“仁爱崇德有温度、合作乐研有高度、学识扎实有深度”的具有融创特质的高素质专业化创新型的教师队伍。

推动学校管理方式的创新。坚持依法治校，探索富有高科特色的党组织领导的校长负责制，创新管理制度，优化运行机制，提高学校治理现代化水平，推动学校管理方式的创新，全面提升学校管理效能。

创新特色校本课程。迭代优化学校课程，研发符合时代需求与学生发展需求的特色校本课程，加强课程与生产劳动、社会实践的结合，激发学生创新思维，培养正确的价值观念、必备品格与关键能力，助力学生奠基未来。

促进教与学方式的变革与创新。坚持以素养为导向，深化教学改革，倡导做中学、用中学、创中学，充分发挥新技术在教育教学与学生学习中的积极作用，激励教师转变教学方式，引导学生自主学习、合作学习、探究学习，实现教与学方式的变革与创新。

创新校本评价体系与激励机制。结合小学生学业质量绿色指标体系、“雏鹰争章”活动及具有融创特色的“高科才富成长营”智能评价激励机制，突出学校育人特色，构建校本评价体系与激励机制，创新评价形式，促进学生全面而有个性的发展。

营造乐于创新的校园文化。将创新融于学校教育教学工作的方方面面，激发教师创新课程内容与教学形式，建设一支富有创新意识的“四有”好教师团队；培育学生创新创造能力；推动学校创新管理方式、评价体系（包括学生评价、教师评价、课程评价等），开展各种富有创新精神的校园活动，建设勇于创新、富于创新的特色学校。

三、融美乐创

教育是一种生命能量的唤醒。教育的过程，就是融汇各种正向的、美好的生命能量，并创造性地注入一个又一个鲜活的生命之中，从而唤醒这一生命焕发出更加美好、全新的生机与能量。融美乐创，即站在儿童的立场，遵循儿童成长的规律，融合各类资源，创设美的教育样态，激发学生的创新意识与能力，为未来的美好人生打下生命底色。

中共中央、国务院、教育部多次发文要继续深化教学改革，推进综合学习、主题化学习、项目式学习、跨学科学习等综合性教学活动，打破知识间的壁垒，加强知识间的内在联系，促进知识结构化，使学生将各种知识融会贯通，提升综合运用各学科知识解决现实生活问题的能力。

创新，是“核心素养”的核心，培育学生创新能力也是素质教育的核心。并且，创新也是当下社会亟须培养的，适应未来社会、未来国际竞争的核心素养。同时，创新是一种综合性、涵盖性很强的核心素养，包括批判性思维、自主发展能力、问题解决能力等，是顶级的认知能力，也是学校育人的核心目标——培养有德行的未来创造者。

在育人层面上，我们整合学校、学生家庭、周边社区、各级平台、各类社会教育场所等各方教育资源，创新性地构建以学生成长为核心的校家社育人联盟，为学生创设美的育人环境，开创育人新局面。

在课程教学层面上，我们统汇校家社三方育人力量，构建丰富多样的课程内容，不断深化完善学校课程体系，丰富“四有”课堂文化内涵，探索线上线下相融合的新型教学模式，创新跨学科主题学习与综合实践探究活动的实施路径，为学生创设美的教学模式，发展学生核心素养，激发创新思维。

在学生发展层面上，我们关注每个学生的全面发展，注重学生个性化发展，培育学生终身发展能力，引导学生将各学科知识融会贯通、综合运用，激发创新思维与实践能力，成长为心中有爱、眼中有光、行动有力量的未来创造者。

学校将围绕学生创新素养的培育，综合运用各种可利用的资源，开发课程体系、进行教学改革、提升教师素质、转变教育教学管理方式、健全评价体系、探索育人新模式，培养有理想、有本领、有担当的时代新人，培养有德行的未来创造者。

第三节 融美乐创的育人理念

一、融美乐创的教育观

（一）课程观：多元、融合、个性、创新

学校坚持“融创共生，培育有德行的未来创造者”的课程目标，体现多元、融合、个性、创新的课程特点，积极培养高科实小少年“以童眼看世界，用童心创未来”。

“多元”是指课程要素的多元性，包括取向的多元性、模式的多元性、内容的多元性和评价的多元性。“融合”是指“五育”的融合、跨学科的融合、历史与未来的融合、线上与线下的融合。“个性”是指课程建设以满足学生的个性化发展需求为指向。“创新”是指课程目标以培养学生的创新意识与创新能力为旨归。

（二）教学观：有融创特质的“四有”课堂

学校一直持续深化课程改革，在传承原有“有生活的课堂、有道德的课堂、有对话的课堂、有探究的课堂”的“四有”课堂理念的基础上，进一步深化内涵，营造有融创特质的“四有”课堂文化。

融“对话”的美，创建平等对话的生本课堂。营造民主、和谐的课堂氛围，建立民主、平等、信任、友好的师生、生生关系，发挥教师的主导作用，凸显学生的学习主体地位，促成学生积极地与教师共同探索真理，敢于发表与众不同的见解、敢于向权威挑战。

融“生活”的美，创建贴近实际的生活课堂。“加强知识学习与学生经

验、现实生活、社会实践之间的联系，注重真实情境的创设，增强学生认识真实世界、解决真实问题的能力。”①

融“道德”的美，创建思维碰撞的生成课堂。以德育为本，激发学生思维的主动性、开放性、灵活性与独创性，鼓励学生独立思考、大胆质疑，使学生进入思维、探究的佳境，促进学生智慧的创生，提出自己的新想法、新思路，进而形成自己的思想与观念。

融“探究”的美，创建注重体验的生动课堂。《义务教育课程方案（2022年版）》指出，要强化学科实践、综合实践，注重“做中学”“用中学”“创中学”，引导学生参与探究活动，经历发现问题、解决问题、建构知识、运用知识的过程，体会学科思想方法②。

（三）教师观：博学善导，求精创新

“融·创”文化下的教师观为“博学善导，求精创新”。

博学善导，即坚持学习，努力做到学识渊博，不断提升自身的教育境界、思想政治素质和专业素质能力，将各种知识融会贯通，在此基础上善于引导、指导学生的全面发展。

求精创新，即积极进取，勇于奋进，不停滞于已有的成绩，不断追求卓越，精益求精，变革创新。

（四）学生观：乐学善思，维新尚美

“融·创”文化下的学生观为“乐学善思，维新尚美”。

乐学善思，即乐于学习，善于思考，具有较高的学习力，积极进取，促进思维发展，激发创新意识。

维新尚美，即憧憬新事物，追求新知识，勇于打破自我，勇于创新，不故步自封、不因循守旧；崇尚一切美好的事物，能够发现美、鉴赏美、体验美，善于创造美。

---

① 教育部. 义务教育课程方案（2022年版）[M]. 北京：北京师范大学出版社，2022.

② 教育部. 义务教育课程方案（2022年版）[M]. 北京：北京师范大学出版社，2022.

二、融美乐创的实施路径

（一）构建基于创新素养培育的课程体系

学校课程以“融创共生，培养有德行的未来创造者”为目标，对学校课程进行系统、全面的梳理，进一步提升课程的科学、丰富、可选择性，形成含有国家课程、地方课程与“万花筒$^{+}$”校本课程于一体的具有融创特质的学校课程体系，并呈现“一心一核，多圈多点，绿色环绕”的课程格局，树立起学校课程品牌。“一心一核”是指国家课程，其中“一心”指国家课程中的语数英等各学科课程，“一核”是指国家课程中的“创趣园”综合实践活动。“多圈多点”是指校本课程，“多圈”指三个校本课程圈，即“中国心”“智能造”“宜居港”；“多点”指每个课程圈从不同关注点出发，设计多个主题课程。“绿色环绕”是指学校的评价体系，即围绕以学校为整体打造的多维课程评价体系，建设一个以培育“创新素养”为核心的可持续发展的高质量教育生态圈。

国家课程即学科课程与“创趣园”综合实践活动。国家课程侧重培养学科核心素养。“创趣园”综合实践活动的“我与自己”“我与社会”“我与自然”三个维度各具培养侧重点，“我与自己”强调认识自己、管理自己和表达自己；“我与社会”强调遵守规则、乐于交往、爱国自信；“我与自然”强调善于提问、乐于探究、敢于尝试。

“万花筒$^{+}$”校本课程包括“中国心”“智能造”“宜居港”三个版块，其中“中国心”包括“生长”在校园的四史馆、“扎根”在云端的先锋馆、“践行”在脚下的文化馆等馆校合作系列课程，“智能造”包括“探秘创新药”“践行蓝天梦”“创新未来车”等职业启蒙系列课程，“宜居港”包括“智能宜居之家”“智趣宜创社区”“智慧宜学校园”等人工智能系列活动课程。“万花筒$^{+}$”校本课程旨在让学生亲历问题的解决过程，为培养“张江科学城”合格社区小公民，并以“创读、创玩、创思、创行”的活动理念，围绕每年选定的主题设计活动和学习任务，统整学校原有的专题教育、春秋实践活动、仪式教育、社会实践、社区服务、六大领域节庆活动等课程内容，形成年度学期大项目，条线年级统整实施。

（二）创设激发创新思维的“四有”课堂

1．“四有”课堂文化

围绕“有生活的课堂、有道德的课堂、有对话的课堂、有探究的课堂”的“四有”课堂理念，我们进一步深化内涵，在各种现实学习环境和利用新技术所建构的虚拟学习环境中，以激发学生的创新思维为旨归，以促进教师的教学创新为依托，突破传统的教学结构及形态，促进师生智慧生成的课堂教学模式。课堂以创新作为教学的核心，既是全体学生个性健全、思维发展的表现，也是教师教书育人、专业成长的表现，同时也是师生智慧创生的集体行动的表现。

2．实施路径

课堂教学坚持开放融入、多元融合、统整融汇的实施路径。

开放融入，即多途径融入资源。我们坚持目标导向，聚焦核心素养，立足学生实际，综合利用学校、市、区、国家及各地区各学校的共享资源，精选优质课程资源，如图书、音像资料、数字化资源、现实案例等，运用大数据、物联网、互联网等新技术，利用大屏、平板电脑、计算机等各种信息化设备，充分发挥课程资源促进学生发展的育人价值，提高课堂教学实效。

多元融合，即多学科融合目标、内容、形式。“推进综合学习，整体理解与把握学习目标，注重知识学习与价值教育有机融合，发挥每一个教学活动多方面的育人价值。”“积极开展主题化、项目式学习等综合性教学活动，促进学生举一反三、融会贯通，加强知识间的内在关联，促进知识结构化。”①

统整融汇，即多维度融汇评价体系。学校全面落实新时代教育评价改革要求，改进结果评价，强化过程评价，探索增值评价，健全综合评价，更新评价观念、方式方法，提升考试评价质量，不以分数作为衡量学生的唯一标准，促进学生全面而有个性的发展。

（三）建设博学善导、求精创新的融创教师团队

高质量实施国家课程、地方课程、“万花筒+”校本课程与“四有”课堂，需

---

① 教育部．义务教育课程方案（2022 年版）[M]．北京：北京师范大学出版社，2022．

要一支博学善导、求精创新的具有融创特质的教师团队，包括学科教师（课程教师）、技术教师、学校教育教学工作管理者及校外专家，团队合作、共同实施。

加强规划设计，重视梯队建设。学校完善“高科教师专业发展远航计划”，形成“入门期——启航、成长期——护航、成熟期——引航、成名期——领航”四个成长梯队。各个发展阶段采用领衔人组建团队合作研究的方式推进发展，每个阶段明确发展定位，并不断借助“发现问题—找到对策—解决问题—反思经验—再次发现问题”的螺旋式问题解决模式，助力教师专业发展。同时，学校优化分层培养目标和内容，为不同发展阶段、发展水平的教师，提供不同的培训项目，满足教师不同的专业发展需求。

聚焦教学改革，开展基于实际问题的研修活动。我们创新校本研修模式，突出教师需求、教学问题、学校实际，实施教师分层培训，倡导案例式、任务驱动式、项目研究等灵活多样的培训方式；创新培训模式，逐步形成线上线下相结合的自主学习式、教学实践式、骨干示范式、校际合作式、专题培训式、课题研究式六大研修模式；完善校本研修制度，如激励制度、小组互助制度、校本听课制度、基本功考核训练等，保障教师专业发展。

学校积极引进专家资源，邀请市、区级以上名师、专家团队带教，开展培训活动，促进教师不断成长，加强学校专家型教师队伍建设。

以科研带动教师队伍发展。学校建立科研保障制度，设立专项科研经费，资助教师学历学习、科研培训、教育考察，奖励发展或获奖的科研论文及攻坚项目的教师；以课题研究激发教师科研意识，确立学校龙头课题及课题研究小组，将龙头课题与学校重点攻坚项目相结合，营造科研氛围，带动学校整体发展，激发科研活力，提升教师科研水平。

完善教师评价机制，加强人才管理，提高教师工作的积极性和主动性。学校加大人才改进力度，优化教师队伍结构，建立教师专业发展个人档案，激发教师主动学习、专业发展，完善教师考核评价标准，探索实行多元评价办法，引导教师潜心教书育人。

（四）构建激励全面发展的融创评价体系

学校构建课程评价、教师评价、学生评价、家长评价的校本评价体系，完善“高科才富成长营”评价体系与平台建设，让过程性、激励性评价成为学生成长的促发器(见图1-1)。

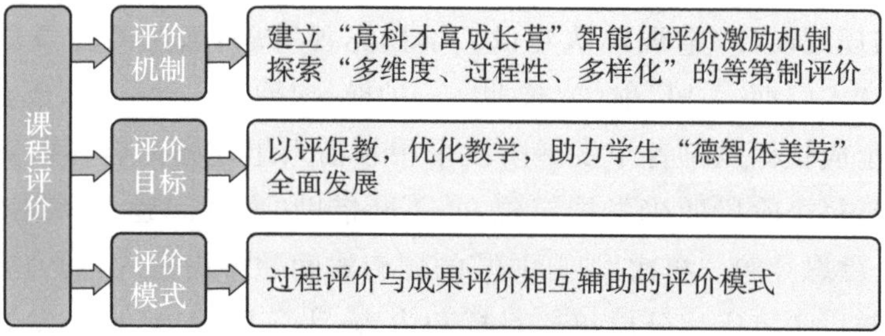

图1-1 课程评价方案

课程评价体系以全校课程体系的不断完善、课程内容的不断丰富、课程质量的不断提高为直接目标，充分激发教师不断开发课程、提高课程质量、开发课程资源的积极性，深化课程改革，促进学校特色课程、品牌课程的建设与开发。评价内容包括课程开发、课程实施、课程评价和课程优化四个方面，其中课程开发与课程优化主要面向“创趣园”综合实践活动与“万花筒$^{+}$”校本课程。学校坚持评价主体多元化，邀请教师、学生、家长及评价小组进行评价，并根据评价结果，将特别优秀的课程纳入特色课程、品牌课程的建设计划。

教师评价体系以激发教师教书育人的积极性、创造性为直接目标，坚持师德为先、能力为重、学生为本、客观公正的原则。评价内容为师德师风、专业能力、育德育人、综合素养四个方面，由于专业能力是重中之重，每一位教师必须具有学科专业知识，具有高效优质的实施课堂教学的能力，按照备课组、教研组安排及“高科教师专业发展远航计划”按时参加校本研修与培训活动，不断提升教学能力与科学能力。学校结合教师评价结果，对教师进行奖惩、是否续聘、职务调整等，特别优秀的教师，可以破格在“高科教师专业发展远航计划”中升一阶，从而促进教师快速成长，推进教师队伍建设。

学生评价体系以学生综合素养的全面提升为最终目标，坚持五育并举，从品德发展与公民素养、修习课程与学业成绩、身心健康与艺术素养、创新精神与实践能力四个方面全方位、多角度评价学生，不以分数作为学生评价的唯一标准，而是立足学生的素养发展、全面发展、个性发展与终身发展。我们建立“高科才富成长营”智能评价激励机制，探索“多维度、过程性、多样化”的等第制评价，探索过程评价与成果评价相结合的评价模式，以评促学、以评促教，优化教学，助力学生全面而有个性的发展。

（五）探索校家社三位一体的新型融创育人模式

加强与社会相关部门和机构的合作，形成促进学生成长的学校、家庭、社会三位一体的融创育人新型模式。

开展基于创新素养的德育主题群创新实践，注重生本化、人文化、活动化，围绕德育目标形成多个系列的德育活动，提升学生道德素养。确定各年级工作重心，设计适合学生实际的主题系列活动，包括主题班会活动、班级文化建设活动、主题教育活动、传统节日活动、仪式教育活动等，让学生在活动中体验和成长，使班级、校园成为学生自我发展、自我管理、自我教育的舞台。

加强全员导师制的落实力度。落实“人人都是德育工作者”的育人理念，充分发挥学校各部门和全体教职工的育人作用，关注学生全面成长，落实全员导师制。坚持全校教职工以教书育人、以管理育人、以服务育人的全员参与，充分发挥学校各部门和全体教职工的育人作用，构建全员育人、全过程育人、全方位育人的工作格局。将全员导师制融入学生工作的各环节，形成“六育人”局面，即课程育人、文化育人、活动育人、实践育人、管理育人、协同育人。

家校联动助推学生成长成才。建立保障家校互动的一系列制度，如家长联系渠道畅通制度、家长体验课堂教学制度、家长参与课程建设制度、家长助力学校活动制度、家长巡导日常生活制度等。引导家长与学校共谋发展，共育学生成长、成才、成人。兴办家长学校，开展学习方法分享、辅导经验交流、问题困惑探讨、家庭教育共研等活动，立足专业立场、提升专业素养、培养专业家长。积极利用家长资源，创新思路，借力家长课堂加强学校和学生之间的交流和沟通，切实搭建家长与学校沟通的渠道，帮助学生树立正确的人生观、世界观、价值观。引导家长进行科学的家庭教育，主动与家长开展合作，指导家长进行家庭教育，引导家长充分认识到家庭是孩子的第一所学校，引导家长树立正确的成才成人观，为孩子的健康成长创设和谐温馨宽松的家庭环境，共同保护孩子的好奇心和对生活和学习的热爱，倡导家长通过言传身教，形成爱国守法、遵守公德、珍视亲情、勤俭持家、邻里和睦的良好家风。加强家长学校建设，完善家庭教育指导校本课程，提高家长的育儿能力。

挖掘社会育人资源，加强学校与博物馆、科技馆、图书馆、文化馆、展览馆、社区活动场所等社会资源的整合，建立相对固定的校外教育基地、综合实践基地，打造学生社会实践大课堂，提高资源利用的针对性和有效性。推进校外教育与校内教育教学有机结合，完善社会实践活动课程模式，强化学生参加社会实践和志愿服务的长效机制与案例保障。充分挖掘爱国主义、优秀传统文化等教育基地和各类公共文化设施与自然资源的育人功能，引导并协助学生参与社会实践，拓展学生社会实践基地、增加实践岗位数量与种类。

开展家长、社区、教师等多主体参与的办学成效评价，促进学校治理成效不断提升。不断丰富"高科才富成长营"智能评价激励机制，覆盖学生评选、教师评选、家长评选、家庭评选等领域，激发学生、教师、家长及社会人员参与合力育人的积极性，促进学生全面发展。

（六）探索法治民主、面向未来的融创管理模式

坚持依法治校、民主管理，创新干部、党员培养激励机制，推进学校治理现代化，加强"融·创"文化建设，提升学校核心竞争力，建设基于创新素养培育的"融·创"文化支持系统，推动两个校区共同发展、协作发展，形成高科特色的融创管理模式。

学校管理制度"四健全"。健全以学校章程为核心的制度体系，健全以集体议事为特征的治理结构，健全以各尽其职为特征的领导机构，健全以规范办学为特征的实施途径，为依法治校实现制度保障、机制保障、组织保障与监督保障。

依法治校、民主管理"三坚持"。坚持以促进发展为特征的民主管理，坚

持以寓教于乐为特征的法治教育，坚持以协同共育为特征的多维联动，为依法治校实现权益保障、宣传保障与成效保障。

齐头并进"四联动"。两个校区联动，实现共建共享；线上线下联动，实现交互共融；课内课外联动，实现知行合一；校内校外联动，实现开放共建。

提升服务意识"三个勤"。勤下组室，深入基层发现和解决问题；勤进课堂，提升业务能力；勤做工作，强化"管理即服务"的意识。

干部、党员培养"四个一"。"一副担子"，即积极探索"一校两区四中心"管理机制，进一步明确各个部门和岗位的职责与评价制度。"一把尺子"，即建立多形式的中层干部述职制度，用高要求、严标准引导行政管理干部挖掘长处，找准差距，检验成长实效。"一部扶梯"，即编制和实施"登高计划"，通过"高科论坛""三名寻访""挂职锻炼"等多渠道培养干部。"一个平台"，即通过各工作室平台，创新项目建设，创新课程研发，创新教师培育，激励年轻骨干实现管理和专业同步发展。

（七）营造现代型、创新型、未来感的融创校园文化

加强校园设计，构建美好环境，发挥环境育人功能。坚持以社会主义核心价值观为引领，大力构建绿色健康、积极向上、团结和谐、科创特色的学校文化，对校园文化建设进行整体设计，凸显"融美乐创"的校园整体风格，加强校园绿化、美化和科技环境建设，增加校园绿化面积，做好学校绿化养护，环境保洁等各项工作，创建绿色学校。鼓励学生参与校园环境的设计、维护和创造，利用橱窗、走廊等空间体现教育理念，发挥校园网、微信公众号作用，拓展校园文化建设的渠道和空间。

丰富校园生活，形成适应时代的个性化节庆文化。开展六大节庆活动、仪式、社团、艺术、体育、科技、社会实践等各种形式的校园活动，丰富校园文化生活，促进师生积极情感的体验和精神生活的充实。在活动中培养学生综合能力、提升学生综合素养、展现学生风采风貌，打造融美乐创的文化品牌。

加强校园"融创"社团建设，培育明星社团。通过"高科领巾科学院"建设，加强学生团、队组织建设，鼓励学生自主组织筹建规划、项目设计、运作

管理、评估激励等科学院建设工作，提升自主管理能力；开设丰富多元的课程，引导学生发展自身特长，提升学校各类项目的影响力；深化以“责任”、“未来”、“科技”等为主题的学生社会实践课程研究与实施，促进学生成为有德行的未来创造者。

加强教师文化建设，开展师德教育，形成为人师表、博学善导的优良教风。开展读书活动，提升教职工综合素养。构建教师群体的交流平台，鼓励教师参加各类正式组织和非正式组织的学习交流活动，形成主动学习、同伴支持、团结协作的教师文化；以文明组室、教工之家建设为载体，丰富教职工文化生活，展示教师个性特长，增强团队凝聚力，提升教师的职业幸福感和归属感。

第二章

循美而行，融美乐创的学校发展

循，顺着，沿着。循美而行，即坚持立德树人，创设美的教育环境，扎根时代生活，面向未来社会，建设有利于促进和发挥美育功能的校园环境，营造包容、多元、向上的文化氛围，引导学生深刻地理解科学求真、人文求善、艺术求美的内涵，在自然之美、文化之美、科学之美、生命之美中丰富思想、塑造品格、汲取力量，一生向美而行。

育人规划是学校发展的战略规划，凝聚全校师生智慧，体现学校发展的共同目标。作为校长，我注重通过“望、闻、问、切”在诊断学校发展现状的基础上，关注国家政策与社会发展方向，思考未来教育形态与育人生态，组织社区、家长、教师、学生多方参与制订学校发展规划，从全局出发制订学校的中长期及近期规划，从未来学校愿景到学习空间重构，一一确立发展目标并逐步落实。

第一节　融美乐创之学校规划

一、聚焦改革，制订五年发展规划

（一）全盘思考，展望学校未来愿景

学校发展规划起源于20世纪80年代的英国，现今已成为国际教育界的研究热点，也成为中小学学校管理领域普遍采用的一种管理工具。实践证明，发展规划对于促进学校的发展、提高学校的效能起到了关键作用。

发展规划是学校对未来发展愿景的一次展望。良好的规划可以帮助全校教师改变思维方式,让大家不再仅仅从自身发展的角度思考,而是学会从全校发展的角度、从学生发展、从家长及其他教师的角度看待教育问题。发展规划既是学校主管部门的有效督导,也是学校自我认识的提升和内部发展的需要,能够帮助学校管理团队更加全面地了解和管理学校。

在经历过几次发展规划的制订与实践之后,我们更加确定了中长期发展规划(一般为3~5年发展规划)在学校发展与管理中的重要作用。

学校发展规划是一种方向,是对国家教育政策的准确把握与深度理解,是对现实社会转型对教育冲击的一次回应,是对国际教育发展趋势的一次预判。发展规划越科学,学校发展方向越明晰,教育质量越好。

学校发展规划是一次统整,是学校长期发展中的一次短期计划,是配合国家教育部门部署的一个局部布局,是国际教育发展洪流中的一朵浪花。发展规划越全面,学校发展越健全。

学校发展规划也是一种承诺,是对学生全面而个性化发展的承诺,是对教师专业自主发展的承诺,是对家长勇担教育责任的承诺,也是为国家与社会培育时代英才的承诺。学校发展规划越务实,落实效果越显著,越能够得到广泛的认可。

因此,我们始终把发展规划作为明确办学理念、制定发展目标、解决各种问题、深化内涵建设、促进主动发展的有效途径,紧跟时代发展需求,结合最新政策措施,配合国家"十四五"发展计划,以创造适合儿童发展的教育为己任,秉承学校办学理念与育人目标,从"学校管理、师资建设、课程建设、课堂教学、德育工作、教育科研、校园文化、特色项目"等八个领域制定发展目标、任务举措及分年度目标要求,编撰学校"十四五"期间的发展规划,目标清晰,措施适切,为学校下一个五年的发展指明方向。

为有效落实发展规划,学校建构了自评指标体系,明确了年度工作目标,细化了工作措施;建立了目标责任制,把学校发展的具体目标落实到各部门;形成了"校长—行政管理—全体教师"三个层面的规划精准化指导,建立了计划目标实施的信息反馈与调控制度;开展了"倾听你的声音"学校发展意见征集活动,全覆盖征求全体教工、家长、学生的意见,进一步完善了各项规章制度,使管理走向规范化、科学化。

（二）整体规划，明确学校发展方向

学校发展规划应从校情分析、办学思想、综合规划、保障机制四个部分着手。

1. 校情分析

校情分析是学校发展规划的基石。整个学校发展规划过程都建立在校情分析的基础之上。只有客观、全面地综合分析学校的现状，才能认清学校生存发展的现实基础，并对自身进行正确定位，从而为发展规划提供科学依据。尤其是在新课程、新课标背景下，学校需要进一步发展与改革，校情分析显得尤为重要。

在校情分析前，学校便组织规划团队的核心成员进行了大量的调查工作，并形成了调研报告，对学校发展的优势与短板、机遇与挑战、传统与创新进行了综合分析，以帮助大家更好地认清学校的现状，为制订学校规划奠定基础。

2. 办学思想

办学思想是一个学校教育理念的体现，凝聚了以校长为代表的全体教育者的教育观念、教育智慧与创造才能，是学校的发展思路，也是学校的特色文化。因此，办学思想并不是简单地复制国家政策，而是在教育实践中的独特体悟与理想韬略。

每一次制订发展规划时，我都将办学思想视作向自我挑战的过程。学校在建校之初便有了自己的办学思想，但经过二十几年的发展，办学思想也应当有其发展。在制订"十四五"发展规划时，规划团队又一次对办学思想进行深入剖析，结合当前国家形势与教育政策，将"创新"提升到新高度，将"融·创"文化纳入办学思想体系中，对学校办学理念、育人目标、办学思路、发展目标及办学策略都进行了全新的阐释。

办学思想

学校秉承"人人有自信、处处有合作、天天有追求"的办学理念，激发师生自信心与创新意识，促进师生合作，激励师生主动发展，建设学习型学校。

人人有自信:自信是学校发展的基石。学校努力为师生营造宽松愉悦的环境,给师生自主发展的空间。转变教学理念,创新教学方式,创造和谐、民主、活跃的课堂氛围,使学生感受到乐观、向上、积极的学习气氛,激发学生的学习动力,帮助学生树立自信心。

处处有合作:合作是学校发展的保障。全校师生应善于跟周围的人沟通、协作,相互尊重、相互信任,学会在团队中找到自己适当的位置,发挥自己的主观能动性,合作共赢。学校在教育教学中倡导合作学习,促进学生共同发展,促进师生教学相长。

天天有追求:追求是学校发展的动力。坚持以文化立校、科创兴校,提升学校的管理水平,提高教师的专业素养,通过架构分层化、智能化评价激励机制,激活师生生命潜能,追求师生生命价值,展现师生生命精彩。

——节选自《张江高科实验小学五年规划(2020—2025年)》

3. 综合规划

综合规划是对学校工作全面而系统的规划,也是学校发展的主要任务与发展目标,包括学校管理、教师发展、学生发展、课程教学、特色项目等方面。综合规划要全面、详尽而务实,明确领域中未来几年最重要的发展目标、具体措施、达成标志及年度任务计划,制定明确的、可检测的发展目标,确保其可实施性与可检测性。

学校规划团队从"学校管理、师资建设、课程建设、课堂教学、德育工作、教育科研、校园文化、特色项目"等八个领域制定发展目标、任务举措及分年度目标要求。每个领域都由专门的负责老师初步制订,经过与执行老师的反复讨论,确认其合理性、可实施性,再由规划团队统筹调整,最终形成了一份详尽的学校各部门工作的综合规划。

在制订综合规划时,强调基于学校基本校情,发展传统优势,着力改善不足之处,将办学理念贯穿到学校工作的方方面面,全面建设"融·创"文化。如"课程建设"的主要工作设置如下。

综合规划之课程建设

（一）发展目标

（1）深化“万花筒$^{+}$”课程品牌内涵，建构“创趣园”综合实践活动，形成国家课程＋地方课程＋“万花筒$^{+}$”校本课程的基本课程架构。

（2）探索课程管理模式与运行机制，全面提高教育教学质量，形成课程管理特色。

（二）具体措施

（1）构建具有融创特质的课程体系，深化“万花筒$^{+}$”课程品牌。（略）

（2）建立课程管理与运行机制，形成学校课程导航手册。（略）

（3）落实课程评价机制，保障学校教育质量。（略）

（三）达成标志

（1）形成具有学校融创特色的课程体系，建立比较完备的校本课程群与教学资源库，能较好地满足学生的发展需求。

（2）教师积极参与课程建设，教学效果显著，学生反馈良好。

（3）学生各学科学业质量标准有提升，综合素质得到显著发展。

（4）创建市级特色学校。

（四）年度达标计划

（略）

——节选自《张江高科实验小学五年规划（2020—2025年）》

4. 保障机制

保障机制是确保学校发展规划有序、有效落实的保障，主要包括思想保障、组织保障、制度保障与资源保障等。学校工作既有各自的特点，也有整体特征，能够遵循一定的发展规律，因此需要从人力、物资、思想、组织等方面构建起学校发展保障体系，从而促进学校可持续发展。

学校注重通过系列管理机制推动规划的落地实施。一是通过自评指标体系的建构，明确年度工作目标，细化工作措施，及时总结提炼，梳理优化重点。二是建立目标责任制，把学校发展的具体目标落实到各部门，校长室每年度组织学校干部、教师、学生、社区及家长代表进行问卷调研、团队展示、特色汇报等，并与绩效考核、评先评优挂钩，保证规划的实施落地。由此形成“校长—行政管理—全体教师”三个层面的规划精准化指导，为校内的每个成员及组织的主动发展创造条件。三是建立计划目标实施的信息反馈与调控制度。开展“倾听你的声音”学校发展意见征集活动，征求全体教工、家长、学生的意见，通过自下而上、自上而下的征询建议、共商共议等过程，进一步完善各项规章制度，使管理规范化、科学化。经过近两年的不懈努力，学校两轮规划的实施有效衔接，发展性指标达成度高，为全面完成新一轮发展规划目标奠定了坚实基础。

二、阶段实施，落实年度工作计划

（一）找准定位，明确年度实施目标

中长期发展规划为学校的未来指明了道路，而年度工作计划则是对中长期发展规划的阶段性实施与落实。因此，年度工作计划的目标是中长期发展规划总目标的年度分目标，年度工作计划应有助于实现学校中长期发展规划。

学校制订的中长期发展规划一般以五年为一个时间节点，能够让学校每一位教师明确五年内学校发展的目标。但在具体实施时，一年期的年度工作计划是学校按照教学大纲、市年度课程计划所制订的翔实、周密的工作计划，是学校年度工作总目标与相关举措，因此年度工作计划更具有可实施性，更容易纠正脱离计划的偏差，使学校发展保持既定的方向。

年度工作计划是学校创造性的管理过程，是针对当下需要解决的新问题和可能发生的新变化、新机会而作出的工作计划。五年发展规划由于时间跨度较长，只是把握学校发展的方向，而无法预判每一年度会出现的新问题、新现象。而年度工作计划由于时间跨度较短，反而能够更加灵活地寻求解决当下问题的最佳方案，将学校被动应变转为主动求变，成为创造性、创新性与主动发展的工作计划。

立足学校校情是编订年度工作计划的基础。年度工作计划是五年发展规划中一个阶段的具体工作计划，虽然已经明确了学校发展的方向，但在制订年度工作计划时依然要立足于学校校情，客观、全面地综合分析学校的现状，总结学校问题，尤其是针对未能预判到的新情况、新问题、新局势，给出应对方案。

年度工作计划还会派生出各部门的工作计划，如教学工作计划、德育工作计划、校本教研工作计划等。

（二）细处着手，制订详细工作计划

1. 指导思想

指导思想是学校年度工作计划的思想依据，是根据不断变化的社会及教育形势需要、立足于当前社会教育发展背景、结合学校校情、明确学校发展、凝聚学校共识的理论依据。

指导思想

我校坚持以习近平新时代中国特色社会主义思想为引导，以“立德树人”为根本任务，贯彻全国、市教育大会精神，聚焦中小学“五项管理”“双减”、《义务教育课程方案（2022 年版）》和各学科课程标准、《浦东新区教育现代化 2035》等文件的重点工作要求，依托学校五年发展规划，20 周年校庆、学校发展性督导、学校内涵发展项目等重要发展抓手，不断提升现代化教育治理水平，促发高科融创特质教育生态的形成与发展。

——节选自《张江高科实验小学 2022 学年第一学期工作计划》

2. 主要目标

主要目标是学校年度工作计划的整体发展目标，应以学校中长期发展规划为引领，依据学校校情及当年教育形势与教育政策，聚焦关键任务，促进学校可持续发展。

主要目标

一是以学校“十四五”发展规划为引领，重点落实年度计划，增强学校发展规划的落地实施推进一致性；探索学校现代化教育治理方法与路径，探索条线协同推进重点项目的一般方法，选取学校行政管理、特色管理等突破点，依托信息化技术，开发数字化管理平台，逐步提升学校管理效能。

二是以“2022，我为学校做代言”张江高科实验小学20周年校庆系列庆典活动为抓手，将回望过往经历、分享今日成果、展望未来校园生态作为撬动学校进一步发展的有力杠杆，让研究、发展、学术等成为学校20周年的关键词，让自我赋能、文化赋能、愿景赋能促动高科实小每位成员主动成长与发展，激发全体高科人的自立、自强情感，铸就高科精神。

三是以学校发展性督导为契机，以“问题导向性督导”理念为引领，将督导的过程看作学校自我发现、自我改进、自我觉醒的过程，重视督导的自评过程与基于督导意见的思考与行动过程，促进学校可持续发展。

四是以学校内涵项目的建设为生长点，通过市、区级课题和项目的全面推进，以“创新素养培育”“项目化设计与实施”“主题式综合活动课程建设”“智慧校园”“人工智能”等为关键突破点，聚焦学校智慧学习空间建设，聚焦于教、学、评一致性、整体性规划，全面撬动育人方式变革，促动学校融创特质教育生态的发展与形成。

五是以盘活人力、物力资源为学校进一步发展的增长点，通过教师发展数字画像平台开发，创新“铺路子、压担子、搭台子、建梯子”等教师发展激励机制，激活教师专业发展的动力；通过信息化平台的建设为手段，强化资源保障工作的合理性、精准性及规范化，通过管理教学的沉淀提升资源保障工作的实效性。

——节选自《张江高科实验小学2022学年第一学期工作计划》

3. 重点工作

重点工作是学校年度工作计划的主要举措，也是整篇计划中的核心内容。因此，重点工作要全面、详尽，具有可实施性，能够涵盖学校各部门的主要工作内容，指导各部门制订部门年度工作计划，包括学校管理、学生工作、课程教学、师资发展与后勤保障五部分，且在制订计划时要突出年度关键词。学校 2022 学年第一学期工作计划包括五部分，即：探索以“协同”为特质的学校管理机制，建立以“成长”为特质的队伍建设机制，架构以“素养”为特质的学校课程体系，搭建以“主动发展”为特质的育人机制，发展以“创新服务”为特质的保障体系。重点工作还会附加学期重点工作推进安排表或每月重点工作推进安排表，增强工作计划的检测性。

发展以“创新服务”为特质的保障体系

(1) 开发智能平台，强化学校数字化管理效能。加大数字化管理平台的建设，推动校园安全管理平台、开发学生午餐管理平台、学校资产管理平台等智能管理模块，强化固定资产的建设与维护，强化资产的维修和报废工作，促进学生午餐精准化收费等专项工作效能，为下一步不断推进的智慧校园建设工作做好基础工作，沉淀基础数据。

(2) 推进重点项目，确保师生工作学习安心安全。做好学校食品安全工作，重视食堂“防疫”工作，做到全程规范操作，确保安全高效；积极配合全国文明城区创建工作，将文明城区创建工作与校园文化相结合，打造干净、整洁、美丽的校园环境。

(3) 规范常规工作，全面提升服务质量。对两校区招生扩班需求，做好教室、办公硬件及装备准备；合理使用拨款，组织协调好各项预算，保障教师科研、教师培训、课程改革、学生实践活动等各项工作的顺利开展；提升后勤人员的服务意识，提高中心成员的服务质量，全面保障学校各类教育教学活动展开；探索“校家社”资源合力的有效机制，为学校规划与发展献计献策，提供支持与帮助。

——节选自《张江高科实验小学 2022 学年第一学期工作计划》之“重点工作”

（三）认真执行，提高学校工作效率

认真执行、及时调整是实施年度工作计划的保障。年度工作计划确定后，学校各部门就应该不折不扣地认真执行，切忌朝令夕改。在工作计划实施的过程中，各部门负责人要经常跟踪检查执行情况和进度，发现问题及时解决并继续推进。而且，年度工作计划是可以调整的，当工作计划的执行过程中偏离或违背了既定的目标，或学校出现了新问题，或者政府发布了新文件、新精神时，就需要对工作计划做出调整。

总结反馈是年度工作计划实施的自我检测。工作任务完成后应及时予以总结，明晰工作中的成功经验或问题教训。可以是阶段性的总结，如期末总结、年度总结等；也可以是非阶段性的总结，如根据学校的工作任务或项目、课题的完成情况总结，如项目中期汇报、结项报告等。总结反馈既是对已完成的工作任务进行的总结，也是对下一阶段工作任务的情况分析。学校年度工作总结也是下一年度学校工作计划制订的依据。

在实施中，我们发现，年度工作计划提高了每一位教师的工作效率。大家有志一同按照工作计划执行，精诚合作，合理地利用学校资源，提高了工作效率，实现了年度目标，遇到突发问题也能在最短时间内选择最优的解决方案，有时还能超额完成工作任务。

第二节　融美乐创之部室计划

除了全校型的学校发展规划与年度计划，学校还注重制订部门计划，包括课程创新中心、学生发展中心、教师服务中心、资源保障中心等的工作计划。部门计划一般每学期制订一次，依据部门工作职责，对本部门一个学期的工作提出合理的工作目标、主要任务与实现措施。本节的部门计划以课程创新中心、学生发展中心的工作计划为例。

一、课程创新中心工作计划

课程创新中心是校长室直接领导下的教育教学、课程改革执行机构。其主要任务是协助校长完成组织管理教育教学任务、教研培训任务，以及课程改革、科研课题管理、项目管理和艺术、体育、科技工作。

根据《学校章程》，课程创新中心的工作主要包括课程与教学两大部分。课程部分的主要工作职责为：对学校课程设计、实施、评价及相关因素与条件作出的整体构建；编制学校课程计划，制订、完善课程开发工作规章制度；建立课程实施队伍、制定课程实施制度、落实课程实施方案；参与各级各类教育科学研究项目和课题的申报工作；安排好教师培训课程等。在教学部分，需要根据学校课程设置，编制学校课程计划，制订、完善教学工作各项规章制度，审阅教研组、备课组工作计划及教师教学进度；负责全校的教学常规工作的检查、落实工作；安排好全校排课、调课、代课等工作；组织教师进修等。

因此，课程创新中心工作计划主要依据学校新五年发展规划、新学期学校工作计划，以促进学校课程建设、发展学生核心素养、提升教与学品质与效能为目标，从指导思想、工作思路、主要工作及任务三个方面，对学校课程改革与发展、课堂教学研究与探索实施工作计划。

工作思路

课程建设：

(1) 立足学科抓重点，各学科立足市区级教研重点，确定校本教研重点，如推进大单元设计、大概念教学等为主要形式的综合课程；语文学科重点推进绘本阅读指导；体育教学重点推进游戏化设计等；各学科凸显核心素养，提升学科课程教学品质。

(2) 兼顾校本出亮点，“创趣园”综合实践活动、中草药探究、融创社团课程、校队活动等特色校本课程，结合学校课程理念、育人目标及创新素养培育，落实课程建设与优化工作。

（3）设计活动赢起点，各学科依据新课程高质量落实跨学科实践活动，任课教师结合学校、学生、学科、社区实情，尝试设计基于学科特点的跨学科实践活动。

（4）结合两校区的智慧学习空间新环境，研发校本综合实践活动、跨学科主题学习活动等特色课程。

课堂教学：

（1）以发展学生创新素养、高阶思维为导向实施课堂教学。学校倡导在课堂教学中培育学生创新素养，在活动设计中发展学生高阶思维。在课堂中创设生活化教学情境，引导学生运用学科核心概念与知识来解决真实问题，提高课堂教学品质，将抓好“一头一尾”作为提升课堂教学的有力抓手。“一头”，指生活化情景创设、实际问题现象新课引入；“一尾”，指拓展活动，引导学生在得到必要支持下在生活中进行综合运用。

（2）以学科项目化学习活动为主要形式变革课堂教学模式。学科项目化学习是本学期各学科教研组研究、实施重点内容，可以选取本学期教材中各单元、课节、内容等进行校本化设计，引导学生进行项目式学习、探究式学习、合作式学习，将教师转变为学生学习的支持者、辅导者、共同学习者。

（3）充分发挥课堂教学的主渠道作用落实课程育人。上好道德与法治课，落实课时，挖掘课程思想内涵，发展学生道德认知。其他学科充分挖掘课程蕴含的德育元素与德育资源，将德育内容有机融入各门课程教学中，发挥育人价值，落实学科育人。

依据学校“十四五”发展规划、学校课程方案，以各学科区级以上课题、区教研室学科研究、学科项目化学习重点为抓手，以学生创新素养的培育为突破点，探索“基于学科大概念的课堂教学”“学科课堂教学数字化转型”“发挥学科教学育人功能”“跨学科综合实践活动设计”等为主要形式的教学改革，深化“四有”课堂，善用“高科才富成长营”智能化的学生评价，提升课程实施效能，转变教与学的方式，促进教师专业发展能力的提升。

——节选自张江高科实验小学《2022 学年第二学期课程创新中心工作计划》

二、学生发展中心工作计划

学生发展中心负责学校德育工作，全面关注学生的素质发展，促进学生身心健康，其工作职责主要包括：制订学校每学期德育计划，研究、实施、推进德育课程建设；安排每月的中心内容和活动，形成本校每月德育内容系列；负责学生思想道德教育，负责开展学生的行为规范教育，心理、卫生健康教育，社会公德教育等专题教育；做好优秀学生、优秀学生干部、先进班集体及优秀班主任的评选工作；健全学校安全防范机制，提升学生安全意识和防护水平，推进学生思想道德建设，提高校园文化生活质量，优化学校育人环境等。

因此，学生发展中心工作计划以学校五年发展规划为指导，以培养学生良好思想品德和健全人格为根本，以促进学生形成良好行为习惯为重点。其主要目标是通过德育项目化活动和年度主题活动，丰富德育活动内涵，不断探索育人新途径，拓展育人新理念，彰显德育魅力，突出德育实效，培养"心中有爱，树立理想信念；眼中有光，增长本领见识；行动有力量，彰显责任担当"的高科少年。学生发展中心的工作计划包括指导思想、背景分析、工作目标（包括总体目标、分目标）、具体工作安排四个部分。

总体目标

（1）结合德育项目化活动设计与实施、"最美导师"评选活动等重点项目，实施分类培养，进一步完善德育考评激励机制，建设稳定可持续发展的德育队伍。

（2）立足学生全面发展、个性发展与终身发展，依托年度系列德育主题活动和"未来学院"项目活动，形成丰富完备的德育内容体系，开展基于创新素养的德育主题活动群，引导学生"主动参与、自我教育、自主发展"的成长模式。

（3）以市级课题为引领，探索学校、家庭和社区相结合的劳动教育的新途径，继续探索校家社三位一体的融创育人新模式。

（4）结合德育活动分年级认领、档案资料精简化、“智慧校园”信息化评价工具等，在保证德育工作质量和特色的前提下，切实减轻德育管理人员的工作负担。

——节选自《项目活动赋能师生　减负增效提升品质：张江高科实验小学学生发展中心2022学年第二学期工作计划》

第三节　融美乐创之特色建设

在学校办学理念引领下，以发展学生核心素养为旨归，以推进新课程改革为主要任务，着力从学习者的视角创建三种智慧型学习空间，注重资源、课程、教学、评价的融入，建构创新素养落地的成长“五小”支架，突破现有课程模式在资源、空间和评价等的限制，形成“线上线下、课内课外、校内校外”融创共生的新型课程样态，并延展至学科课程、特色课程和综合课程领域，加强课程综合，变革育人方式。

一、建设目标

（1）以“融美乐创”办学主张为引领，积极利用新技术，着力创设以学习者为中心的、既相对独立又相互融合的三大智慧学习空间，即面向学生自主学习的自主空间、面向师生教学相长的虚拟空间、面向校家社共育的社区空间。通过智慧型学习空间建设，不断丰富学习资源，发展课程样态、学习样态，逐步拓展学生学习时间与空间，促进学生核心素养培育与发展，撬动育人方式的变革。

（2）以智慧学习空间建设为契机，通过强调学习空间的开放性，注重课程内容的综合化，追求学习方式的个性化，探索“线上线下衔接融通、课内课外交互共融、校内校外联通融合”的新型学习方式，引领学生“用中学”“做中学”“创中学”，促进学生学习方式的变革，提升学生分析问题与解决问题的能力。

(3) 以智慧学习空间建设为抓手，引导教师全面投身于空间及内涵建设中，以此不断提升教师对学校“融美乐创”办学主张的认同，提升教师对项目化学习、空间学习等学习方式的认同，全面促进创新型教师队伍的发展与成长，为学校创新人才培养持续助力。

二、建设内容

(一) 面向学生自主学习的自主空间——课内课外交互共融

未来社会需要的是创新型人才，学校将教与学的理解渗透到自主学习空间的设计变革中，创设适合不同年龄段发展核心素养的“融创城 N^{+}”自主学习空间，践行“用中学”“做中学”“创中学”，提升学生分析问题与解决问题的能力，撬动核心素养的发展。

1. 高科“智创”自主学习空间

高科创空间是学生孵化创意、创新实践的自主学习空间，旨在引导学生发现生活中的真实问题，运用已有知识，自主学习、合作探究，最终形成自己的创新成果。

2. 中草药探究自主学习空间

中草药探究课程始终坚持将现代科学技术与优秀传统文化相结合，依托校内“一馆两地”，即中草药科普实践馆、养乐多草药屋、培乐多种植园三大空间，着力开发课程“智慧型”支持系统，通过课程资源数字化、学习成果数字化、学习评价智能化开发与建设，将技术赋能于中草药探究学习、展示与评价的全过程，用中草药课程数字学习空间引领学生展开“课内外自主”探究学习。基于问题的实践研究项目，创设开放、多元的学习情境，引导学生开阔眼界、激发灵感、挖掘潜力、提升能力、发展核心素养。

如在学习空间中引入能够满足智能语聊、多模态交互等需求的智能机器人，增设物联网远程直播设备，优化各类传感器设备、环境控制设备，并与便携式学生端控制设备进行数据整合，让学生以更便捷、自由的方式进行种植和实验探究，打破学习时空的限制。与此同时，学校探索智慧型支持系统课程资源的建设，如自主设计的“中草药创意桌游”中草药课程资源，依托智慧学习空间设施设备打通课内外学习活动，实现学习成果数字化转化，探索智能化评价反馈，更好地支持学生自主探索、自主发展。

3. “融创城 N^{+}”自主学习空间

学校的维度场景的深刻变革，也促进了课程的存在形态和发展形式的变化。创设以学习者为核心的“融创城 N^{+}”自主学习空间，以“思维—实践—创新”为主轴，形成“问题发布、自主学习、实践探索、评价反馈”等支持系统，形成数字化成果，鼓励学生集思广益、协作探索、创造分享，从“要学生学”转向“引导学生学”。如在主题为“流动美术馆”的美术学科项目化学习中，着力依托信息化平台，深化“三段十步法”融创课堂内涵建设，确立课前、课中、课后三个阶段的目标和任务，建构创新素养落地的成长“五小”支架，加强课程综合，变革育人方式。

教师将教学活动从课堂向课前、课后扩展，学习从线下走向线上线下相混合，从学科割裂走向学科统整。课前，借助问题互助墙、图书借阅系统等，引导学生提出问题、搜集信息、参观云美术展。课中，引导学生围绕着项目中的各类问题，形成问题链教学导航支架，分解任务。课后，在线上校园展示柜中展示项目探究的全部资料与最终成果，组织同学互相评价，拓展学校探究空间、服务对象、学习时间和学习评价方式。

（二）面向师生教学相长的虚拟空间——线上线下衔接融通

学校以素养为导向，探索适用于学科课程、综合实践活动、校际联动课等不同课程的线上线下双线混融的教学方式，形成一整套新型教学模式，促进教学方式的变革。

1. 技术赋能，优化在线教学模式

2020 年，学校自主研发了 1 000 多节“爱链高科”微课程资源，兼具“重点知识梳理＋精选作业指导＋兴趣拓展运用”等功能，完成了“从无到有”的跨越。2022 年，学校围绕“三个优化”进行了“从有到优”的积极探索。

一是优化在线互动方式。基于学生核心素养，确定“空中课堂＋爱链高科微课＋个性互动 N^{+}”的在线教学“组合套餐”，精心“烹饪”出多样化、趣味化的“学科自助餐”。依托在线平台，创建1 000多个满足多种需求的线上学习互动空间。

二是优化在线教学管理。实行班级、人员、学科“三个全覆盖”在线巡课制度，注重反馈，优化在线教学管理效益。

三是优化在线育人方式。以素养为导向，构建“课程＋人工智能技术”结合的新型课程样态，突破课程模式、教学空间与评价方式的限制。坚持学科统整，重视学科实践，在项目化学习中引入真实情境，活用双师教学模式，完成入项活动、制订方案、合作实施及结项报告等项目化学习在线实施的全过程，初步建立项目化学习活动在线实施模式。

本学期，学校仍建立基于智慧学习平台的教学班，运用线上线下融合的教学方式展开教学活动，同时拟通过申报课题的方式，探索基于平台的学科学习空间的建设，尝试学科课程资源数字化转化，助力学生“线上线下”“课前—课中—课后”自主学习活动的展开。

2. 智慧在线，研发在线导师平台

自主研发“亦师亦友”全员导师制线上平台，定期开展导学活动，发布精彩活动，指导学生开展各类居家实践活动，设计成果展示会，分享所思所获。云端导师工作室开设“心语心声”“成长寄语”“精彩活动”“五项自主管理”等板块评定居家表现，导师及时沟通、交流、指导，家校共育，精准服务。平台还能留存各项活动数据与育人资料，记录学生成长全过程。

3. 云端融合，创新党工团队活动

学校充分运用现代信息技术，创新“党工团队”仪式教育模式，组织“云端仪式教育四大场馆”建设，即“高科红领巾号”实践馆、“高科青春梦想号”教育馆、“高科模范先锋号”组织生活馆、“高科幸福教师”风采展示馆，开启云参观、云体验、云授课、云交流、云互动等功能，有效推进仪式教育。

（三）面向校家社协同育人的社区空间——校内校外联通融合

学校以学生发展核心素养为中心，创设家长、社区及社会共同参与、协同育人的校家社共育空间，联通学校内外，凝聚学校、家庭与社会的育人合力。

1. 课程联通融合

依托信息技术优化,探索远程教学模式,通过“家校共育在线课程、馆校联动在线课程、校际联动在线课程、集团共享特色课程”等四大课程板块实现联动共赢,最大化实现社会资源的育人价值。如“追寻红脉、传承精神”“亲子微型课”等校家社协同育人的课程,由家长和社会志愿者担任讲师;“莫高学堂、遇见敦煌”等馆校联动课程、引领未来生活等校际联动课程、中草药课程等集团共享课程,分别由学校教师、场馆讲解员、其他学校教师等共同担任讲师。这些课程都充分利用了家长、集团、社会资源,实现了校内校外联动、线上线下互通。

2. 评价联通融合

“高科才富成长营”评价体系以“以德为先、素养导向、全面发展”为理念,智能收集各种过程性数据,刻画“个人成长画像”,为教育团队提供精准教学改进建议。围绕“崇德明理、乐学善思、自主健康、尚美乐创、躬行实践”,设定5大版块50余项评价内容;评价主体多元化,坚持激励为主,采用积分制,激发学生发展动力。如:为提升学生发现、解决问题的能力,从团结合作、创意表达、沟通分享、问题解决、信息收集等方面设立项目化学习专项评价指标,以此反映任务完成过程中学生的批判性思维能力,人际沟通、团队协作能力,以及问题解决方案或设计制作产品的有效性、实用性和独特性。

智慧型学习空间创设了智能、便捷、精准的评价方式。如大数据显示屏可以详实地记录学生学习活动轨迹、空间进出总人数、各功能模块的总点击数、图书外借次数、设备使用次数等使用智能空间学习的全部数据。又如,各班电子班牌通过扫卡、扫二维码,记录学生在学科学习、活动中获得的积分情况、积分分布情况,为学生精准画像,提供有针对性的成长促进方案。这些数据能够为学校从学生学习的角度创设课程、优化课堂、升级空间提供依据,为学生提供更适宜的成长环境。

三、阶段成效

（一）建设多维智慧的学习空间

学校创设了以学习者为中心的三大智慧学习空间，即自主空间、虚拟空间与社区空间。仅“融创城 N^+”自主学习空间就设置了自主探究类设备 10 套、合作学习类设备 14 套、才富成长类 5 套，初步打造了人人皆学、处处能学、时时可学的学习环境。

（二）开发多样丰富的学习资源

学校形成了三大智慧学习空间匹配的学习资源，校本“爱链高科”课后辅导资源平台资源达到 1 000 多条，其中有 25 节微课选登“学习强国”平台，点击量达到 50 余万次。“中草药线上科普实践馆”“云端仪式教育四大场馆”“亦师亦友”全员导师学习平台更是聚焦专题，运用互联网技术，实现学习资源数字化开发与建设。如“中草药线上科普实践馆”基于校本“中草药探究”课程，运用互联网技术，开发中草药认知、互动、拓展实践等各方面学习资源，满足学生个性化学习需求，呵护学生对中草药的好奇心与求知欲，提升思维的发散性。

（三）促发多元自主的学习方式

智慧学习空间，探索了新课程样态，初步形成了探索适用于学科课程、综合实践活动、校本特色课程等不同课程的新型学习方式。作为上海市小学主题式综合实践活动课程试点学校，我校“创趣园”综合实践活动实施中注重通过“创读、创玩、创思、创行”，引导学生在做中学，玩中学；作为区项目化学习种子校，学校在活动领域、学科领域、跨学科领域设计真实、富有挑战性的问题，指导学生持续深入探究，尝试创造性地解决问题。

（四）提升育德育能的能力

智能学习空间的建设也促动教师教育教学理念的转变，特别是信息化教学能力的提升。全校所有教师以主人翁姿态参与智慧学习空间的课程开发、资源建设、教学实践。仅2022年3月至6月在线教学期间，学校共录制在线互动课5000余节，教师平台使用率达到100%，使用平台工具达2万余次。从工具箱使用程度数据可以看出，教师通过运用定时器、随机选人、小黑板、多向屏幕共享、虚拟实验室等常用互动工具辅助课堂，设计丰富多样的教学环节的能力不断提升。互动工具中使用率最高的是抢答器和EDB板书，使用率均高达81%，这说明教师应用软件熟练度高，能设计更加有活力的在线课堂，课堂互动环节形式多样，师生互动多，课堂气氛活跃。当然，线上线下融合的方式也更有利于教师探索“课前、课中、课后”三段的教学方式，利用平台灵活贯穿“课前检测（预习）”“课堂练习（反馈）”“课后拓展（调整）”，激发学生主动学习、自主学习的意识与能力，提高教育教学效率。此外，学校在线教育探索实践情况也有幸得到第一教育、萌动上海、东方教育时报、东方网、浦东教育等多家媒体的关注和相继报道。

（五）构建多元全面的评价体系

学校初步建立起“高科才富成长营”智能评价体系，确立包含“学习管理”“学业水平”“创新素养”“家校共育”等5大类50余个指标，形成评价表现体系，设定评价办法，通过评价—采集—反馈，全方位留存学生成长的全过程，指导学生发展，为学校教育教学治理工作提供依据。

（六）搭建校家社一体化共育体系

学校初步搭建起综合运用家庭、社会的育人资源的平台，建立起运行机制。学校与中医药大学中医药博物馆、展讯中心等社区资源合作共建；学校搭建起校家社三级管理机制，引导家长参与学校课程建设与实施，实现校内校外资源的整合运用，初步构建起新时代校家社一体化共育体系。

（七）形成特色发挥示范辐射作用

智慧学习空间建设的实践探索如同星火，引发了我校全面建设信息化的行动，目前学校是“浦东新区智慧校园试点学校”、“全国人工智能联盟校”、“全国人工智能课程实施试点校”、全国“AI＋OMO”数字化转型实验校、“区人工智能与大数据精准教学实验校”、“区人工智能与编程实验校”等，我校还承担有“基于创新素养培育的小学人工智能项目活动实践研究”等市、区级课题的研究与实践。

学校智慧空间建设阶段成果作为教育数字化转型优秀实践案例，在2022年上海市中小幼校(园)长暑期专题培训中全面展示，供全市校(园)长专题学习，同时相关案例由上海师资培训中心编辑成果集；在上海市中青年校园长论坛第一期作《以“智”育“慧”，让变革在智慧学习空间自然发生》的交流分享；荣获浦东新区在线教学管理案例一等奖；《迭代优化，用心“烹制”在线教育高质量套餐》一文刊登于《上海教育》杂志。

四、未来思考

实践与探索也让我们依稀能看见未来学校在智慧校园建设、学生创新素养培育、学习方式变革等方面均架设起桥梁，等待着在进一步实践中完成贯通，下阶段对于“融会贯通，数字赋能高质量教育生态”的探索也有了初步的思考和设想。

一是学校将进一步推动深化教与学方式变革的实践探索，计划在数据对接、分析、回流等方面作积极探索，使之成为学校全面建设智慧型校园全局中的一个新的生长点。

二是围绕“以问题为导向，创新教育理念，建构以学生创新性学习为中心的学校发展机制，培育‘融·创’文化”新一轮办学策略，着力依托信息化平台，不断深化学习成果数字化转化，形成“三段十步法”融创课堂的学习支持系统，明确其内涵建设，确立课前、课中、课后三个阶段的目标和任务，在数字化学习社区建设等方面予以突破推进，使基于信息化的教与学方式的变革成为学校持续深入探索智慧校园建设的又一突破点。

三是着力探索智慧校园教育教学管理、教师的专业发展支持系统，完善数据收集、分析、支持、反馈机制，加速学校教育改革，形成基于新技术的教育治理新模式，努力构建面向未来的、创新型的、高质量的教育生态。

总之，建构学校基于创新素养培育的教育新生态，打造“学习场景相互融通、学习组织动态优化、学习评价多元立体”等特点的双线融合智能学习场景是学校的教育坚守，新一轮在线教学实践为我们打开新的一扇窗，让我们看到通过教与学变革建构高质量教育生态的前景与希望！

第四节　融美乐创之未来生态

一、立足实际，确定方向

智慧校园建设依然要立足于学校实际情况。随着互联网技术和信息技术的高速发展，教育信息化发展也日新月异。2010 年信息化“十二五”规划率先明确提出“智慧校园”概念，教育部印发《教育信息化“十三五”规划》，要求积极推动信息技术与教育融合创新发展，构建网络化、数字化、个性化、终身化的教育体系，建设学习型社会。从工业化时代向数字时代的转变，对于学校而言就是实现从传统学校向智慧校园的转变。学校通过积极建设智慧校园，撬动学习方式的变革，从而为学生创设多维开放的学习空间，多样丰富的学习资源，多彩优质的学习内容，多变有趣的学习方式，多元全面的评价方式，以此培育学生具备人文素养和创造性解决复杂问题的能力，为成为能适应未来社会挑战的新型人才而奠定基础。

学校经过几年的实践探索，在信息化建设方面取得了阶段性的成果，配备了充足的硬件设施，建设了多维智慧的学习空间，开发了多样丰富的学习资源，促发了学生多元自主的学习方式，提升了教师的育德育人能力，构建了多元全面的评价激励机制，搭建了校家社一体化的共育体系，发挥了学校的典型特色，形成了示范辐射作用。

但面向未来，我们发现学校智慧校园建设尚有很长的一段路要走，有几个亟须解决的问题：

◇ 硬件设施有待完善，学习空间需要进一步优化或新建；

◇ 深化课程改革过程中需要信息技术赋能，探索实践以学生为主体的、基于信息化的新课程样态，建设校本课程资源；

◇ 缺乏统一的支撑平台，推进数据融通，完善数据收集、分析、支持、反馈机制，汇聚学校大数据，形成基于大数据、物联网等新技术的教育治理模式；

◇ 学生数字画像的参考指标较少，需要继续探索在线评价体系，完善智能评价机制，深化探索过程评价与成果评价相结合的评价模式；

◇ 教师队伍结构不尽完善，需要继续依托信息技术优势，丰富教师培育内容与途径，利用大数据探索创建校本教师评价体系、搭建教师成长平台。

在分析了学校信息化发展的痛点之后，我们再次进行了调研与讨论，依据《中国学生发展核心素养》《义务教育课程方案（2022 年版）》《新一代人工智能发展规划》《教育信息化 2.0 行动》及相关的教育理念，将学校智慧校园的建设主题确定为“创建智慧校园，打造未来学校”，并将智慧校园建设的整体目标确定为：

以未来学校的相关理念为引领，坚持“人人有自信、处处有合作、天天有追求”的办学理念与融美乐创的办学主张，以培育有德行的未来创造者为主要目标，以重构学校空间为主要途径，以拓展学习空间为核心任务，将校园空间改造、智慧校园建设、智能化校园创建有机结合，有效融入教育信息新技术，推动教学方式与学习方式的变革，促进教师、学生、管理团队及家长四个群体的发展，健全学校课程体系、学生综合素质评价体系、教师发展与评价体系、校家社共育体系，汇聚校园大数据，形成特色育人机制，提升学校办学品质，追求高质量教育。

具体建设目标如下。

（一）重构学习空间，满足多样化学习需求

构建以学生为核心的智慧学习空间，注重学习空间的灵活性、开放性与功能的复合性，提供沉浸式的学习体验，融通学校、家庭与社会，打造“人人皆学、处处能学、时时可学”的学习空间，打破时空限制，让学生自由地学习、

充分地学习、深入地学习、连续地学习,从学习时间、学习地点、学习内容、学习方式等各个方面满足学生多样化的学习需求。

(二)深化课程改革,推进育人方式变革

在未来学校的理念下健全学校课程体系,使学习空间为课程服务,呈现出空间设计与课程创新浑然一体的理想状态,高质量实施国家课程,不断研发学校特色课程,促进课程的多样性、深刻性与动态性,发挥育人的综合效应。

借助学习空间创新课堂教学模式,在各种现实学习环境和利用新技术所建构的虚拟学习环境中,拓展"四有"课堂文化,完善"三段十步"教学法,继续探索线上教学、线上线下融合教学、远程教学、双师课堂、在线项目化活动等多样的教学方式,打造促进教师教学创新、激发学生创新思维、促进师生智慧生成的教学模式。

借助学习空间转变学生学习方式,以学定教,引导学生探索自主学习、游戏化学习、泛在学习、合作式学习、混合式学习、项目式学习、探究式学习等学习方式,利用大数据与人工智能等信息技术实现精准学习,帮助学生养成良好的学习习惯,树立终身学习观念,为学生的终身发展奠基。

健全学分银行及其相关机制,完善学业等第制评价与"高科才富成长营"智能评价体系,系统收集信息、分析数据,以评促学、以评促教,制定高效利用评价结果的相关制度,实现教学评的良性循环。

(三)加强校本研修,促进教师专业发展

利用信息技术构建线上线下立体化、教研训一体化的校本研修模式,结合"高科远航计划"完善校本自培课程体系,借助各级专家资源、社会机构丰富教师培训课程,鼓励教师用多种形式参加校内外的研训活动,确立校本教师评价体系,培养教育家型、专家型的教师,建设一支"仁爱崇德有温度、合作乐研有高度、学识扎实有深度"的具有融创特质的高素质专业化创新型的教师队伍。积极引入社会上的教师资源,壮大学校教师队伍。

（四）推进数据融通，推进学校现代化治理

完善数据收集、分析、支持、反馈机制，汇聚学校大数据，形成基于大数据、物联网等新技术的教育治理模式，完善学校相关管理机制，落实党组织领导的校长负责制，提高管理效率，建立促进精准教学与精准干预的教育教学体系，努力构建面向未来的、创新型的、高质量的教育生态，推进学校现代化治理。

（五）推进技术应用，促进教育数字化转型

构建泛在智能学习环境，推进数字校园建设，优化支持泛在学与教的教育环境建设和资源建设。全方位探索智能教育新模式，推动数字技术赋能教育教学，持续开展大规模因材施教的探索实践。全面提升教育管理服务信息化水平，完善学校信息化系统和平台，以教育信息化促进教育管理便捷化、智能化。积极探索智能技术在学生发展和教育评价改革中的促进和支持作用。

（六）提升信息素养，构建人机共生格局

加强信息技术教育，提升全校师生的信息素养。提高学生利用信息技术学习与解决实际问题的能力，提高教师信息素养，协调人机关系，形成人机共生格局，探索人机共生的教育路径。

二、以生为本，制订策略

围绕“培育心中有爱、眼中有光、行动有力量的未来创造者”这一育人目标，突出“未来”感，我们确定了智慧校园建设的整体策略：以培育未来人才为目标，以学生个性发展与终身发展为核心，以重构学习空间为主要方式，以变革育人方式、创新育人功能为主线，以深化学校课程改革为主要内容，以完善学校软硬件设施为基础，汇聚全校大数据，凝聚校家社育人合力。

具体策略如下。

（一）制订一份顶层设计

弘扬学校“人人有自信、处处有合作、天天有追求”的办学理念与融美乐创的办学主张，并以未来学校的相关理念对学校的办学理念、课程理念、育人理念等进行全新的阐释，统计学校的发展规划与智慧校园建设。

（二）采用一个主要方式

以重构学校学习空间为主要方式，将课程建设、教学改革、育人方式变革、学校现代化治理等各方面工作链接起来，全面建设智慧校园，打造未来学校。

（三）坚持一条变革主线

以变革育人方式、创新育人功能为主线，贯穿智慧校园建设的整个过程，在大数据、人工智能等信息技术的支持下，创新教育教学机制，构建面向未来的育人生态。

（四）围绕一个主要内容

以深化学校课程改革为主要内容，严抓课程教学这一学校核心工作，健全学校课程体系，推进优质课程资源建设，创新课堂教学模式，探索未来学习方式，全面变革学生的学习模式、教师的教学模式与学校的管理模式。

（五）打好一个基础

以完善学校软硬件设施为基础，利用物联网、云技术、大数据等信息化技术构建智慧学习空间，配备教学设施与信息采集设备，丰富学校现有平台的功能，开发新平台、新功能，建设课程资源，推动学校数字化校园建设。

（六）汇聚校园大数据

利用互联网、云计算等各项信息化技术，整合学校各信息系统，提升教育教学管理效率；生成学校、年级、班级、学生、教师的数字画像，为学生综合素养评价与教师的专业发展提供数据支持。

（七）凝聚育人合力

利用互联网技术搭建新育人平台，促进学校、家庭和社会合作育人，发挥学校、家庭、社会的各自优势，凝聚起强大的育人合力。

三、行稳致远，奠基未来

务实、行稳、致远，一向是学校制订各种规划方案的原则。在这一原则的指导下，我们将智慧校园的建设内容确定为六大方面，既保证智慧校园建设的全面性，又确保其长远性与可实施性，力求通过数年的努力将学校建设成为可持续发展的未来学校。

（一）面向未来，构建具有融创特质的学习空间

学习空间建设既包括普通教室与专用教室等正式学习空间，也包括数字化通识游戏空间、数字化学科展示空间、数字化学习共享空间等非正式学习空间；既重视学习空间的硬件设施配备，也重视各类数字资源的建设，旨在推进学生自主学习、合作学习、探究学习、混合学习等新型学习方式，引导学生自主探究各种知识，养成良好的学习习惯，树立终身学习理念，促进学生终身发展。

未来的学习空间，能够充分利用各种新兴技术与信息设备，连接物理空间与虚拟空间，帮助学生突破时空限制，开展各种自主的、灵活的、个性的学习活动。未来学习空间将与课程建设深度融合，将无形的知识与文化蕴含于有形的空间中，实现空间即课程。未来学习空间也将实现数据的多场景贯通，通过发掘数据的价值，使数据深度应用于学习、教学、育人、评价、教研、管理、服务等各个环节。新兴技术将成为未来学习空间发展的重要推动力，与学习空间融合，拓展学习空间的作用范围和辐射界限。

因此，学校的学习空间建设主要包括以下几个方面。

1. 创新课程实施的知识探究空间

创建数字化正式学习空间，推动普通教室与专用教室的数字化，如数字化教学普通教室、数字化音乐教室、数字化劳技教室、数字化信息教室、数字化学科实验室、数字化美术教室等，完善数字化 PBL 教室及在线化教学空中教室，激励教师创新课堂教学模式，丰富以学生为学习主体、以教师为引导的教学方式，完善“三段十步”教学方法，促进国家课程的高质量实施，提高学生学业质量。

优化数字化非正式学习空间，促进学生学习方式的转变，如数字化通识游戏空间、数字化学科展示空间、数字化学习共享空间、数字化种植实践空间、数字化财商实践空间、数字化自主探究空间等，配备丰富的设施设备，建设丰富的课程资源、学习资源、实践资源等各类资源，以玩中学、用中学、做中学、创中学、探中学等形式，推进学生自主学习、合作学习、探究学习、混合学习等新型学习方式，引导学生自主探究各种知识，养成良好的学习习惯，树立终身学习理念，促进学生终身发展。

借助教学平台及大数据等信息技术，将课程平台、学习平台、智慧学习空间、虚拟空间、云空间等相结合，为每一个学生创建自适应学习的个人学习空间，为学生打破时空限制，鼓励学生自定义学习时间、学习地点、学习内容、学习方式，让学生自由地学习、充分深入地学习、连续性地学习，使学生的自主探索、小组讨论等都能够深入而持久地进行。

利用模拟仿真、人工智能、大数据、物联网等技术，通过各种传感器、信息设备汇聚融合校园大数据，创造可以与学校空间进行“心灵感应”的“数字双胞胎”，让学生通过这一“数字双胞胎”进行学习、探究，即构建融入数字孪生的虚实共生学习空间，通过空间对现实问题的智能分析、模拟预测与应用，让学生尝试多种途径解决问题，体验问题解决的过程，反思问题解决的结果，探索最优的问题解决方法，助力学生解决现实问题，提升发现问题、解决问题的能力。

2. 拓展图书馆边界的智慧阅读空间

打造线上线下泛在阅读空间，利用图书馆、校内小角落、教室内外建设温馨、舒适、智能的阅读体验区，拓展图书馆边界，丰富师生阅读体验。将学校特色、课程建设与图书馆建设融合，打造人文、科技、中草药、人工智能等主题阅读空间，培养结合主题的深度阅读习惯。打造教师专属阅览室，将教师阅读与校本教研训、教师发展计划等相结合，以阅读促进教师专业发展及教师队伍的发展。

融合智能阅读设备组建智慧阅读空间，设计专属阅读 APP，打造智慧阅读平台，丰富优质的有声资源、视频导读、电子书籍、电子期刊等，给师生更多的阅读选择空间，突破阅读的时空限制。开发线上阅读测评系统，及时检测师生的阅读效果，有效检验阅读成果，促进学生终身学习与全面发展，促进教师因材施教。

利用图书馆构建教育学习共同体，鼓励共同体内的成员相互助益、共读共享，培养终身阅读的教师与学生，系统推进全校师生阅读。开发阅读课程，推进学生深度阅读、整本书阅读，丰富学校课程体系的同时提升学生阅读能力。丰富阅读活动组织形式，打造阅读品牌活动，以活动促阅读，强化优质的阅读输出，引导深度阅读、有效阅读。构建家长阅读空间，与家长学校、家校共育机制相融合，推进亲子阅读，拓展家庭教育形式，促进家长学习，帮助家长形成终身阅读习惯、打造家庭阅读空间。

3. 汇聚家校合力的家校共育空间

结合学校家委会微信公众号构建家校共育空间，实现三级家委会运行、家校互动、家长学校等线上化，完善线上家校共育机制，强化学校家庭教育工作指导，丰富家长参与学校管理的途径，实现高效育人。组织线上交流会、线上讲座、线上调查等活动，获取家长成长需求、提供高质量的指导服务，丰富高科父母云课堂建设，构建家长阅读空间，推进线上线下融合的家庭科学育儿指导服务，精准满足家长对育儿资源的多元化需求。家校携手，共同开发丰富多彩的特色课程、特色活动、亲子实践等活动，持续丰富高科融课程，并纳入学校“万花筒$^{+}$”校本课程体系，推进学校课程建设。

4. 融通校内校外的社会学习空间

发掘更多的校外育人场所，与博物馆、图书馆、艺术馆等校外优质教育场所共建资源学习平台，持续更新课程资源、学习资源，将校外资源与学校课程平台、资源平台等相关联，构建融通校内校外的社会学习空间，为学生搭建校外学习空间及实践空间。联合区、镇、社区与家长，共同开发社会实践活动或亲子微课程，丰富学生实践体验，开拓亲子共育，融通校家社共育。

挖掘校外教育资源，积极引进校外优质课程，纳入学校“万花筒$^{+}$”校本课程体系，推进学校课程建设。有效利用校外资源发展教师队伍，通过各级各类培训活动、学区(集团)交流活动、社会交流活动等丰富教师培训形式，通过慕课大学等课程平台、社会教师培训机构等丰富教师专业成长途径，助力教师成长。

5. 提升教育教学质量的智能管理空间

构建着眼于提升教育教学质量的学校智能管理空间，对学校管理机制、教师队伍、学生工作、课程建设等进行智能化管理，利用大数据等信息技术对分散的数据进行集中采集融合、分析，形成跨部门的数据综合管理体系，为学校决策分析提供科学、全面的支持，提高校园管理的数字化和智能化水平。以培育有德行的未来创造者为核心，以提升教育教学质量为着眼点，统筹课程管理、教学管理、学生发展、教师发展、智能评价体系等，形成完善的学校管理机制网络。

优化并丰富管理平台的功能，开展管理团队的线上会议、线上交流、线上活动，推动线上管理、线上办公，提高管理团队的信息化管理水平。推动党建工作数字化与智能化，建设线上党员活动室，开展线上党建活动，丰富党建工作形式与党员培养形式，促进党组织领导的校长负责制全面落实。健全干部培养机制，丰富干部培养的课程资源与培训活动，探索干部培养的线上形式，打破干部成长的时空限制。建构学校管理智能评价体系，实行管理团队教师自评、同事互评、学生评价、家长评价、领导评价及校长评价于一体的多元评价方式，将评价体系与干部培养机制相结合，促进干部成长。

(二) 素养导向，搭建优质课程学习平台

学校将学生学习课程(国家课程、地方课程、校本课程)、师训课程、家长成长课程等统一管理，构建学校大课程体系，搭建优质学习平台。未来的课程学习平台，将以学生为中心，打破教育的时间与空间限制，使学生能够通过线上学习解决学习过程中的大部分问题，获得知识、学分认定与学习评价，并帮助学生建构个性化的知识结构。同时，课程平台能够把资源整合起来，使资源变活，使课程动起来，从而帮助学校深化课程改革、探索混合式教

学模式，使学校逐渐从现在的实体学校走向“实体学校＋互联网学校”。

1. 完善面向未来的学校课程体系

将学习空间建设与课程建设深度融合，以智慧校园建设促进学校课程体系的完善，在学习空间内高效实施各类课程，有效利用学习空间进行各项学科实践活动、探究活动、模拟实验等，促使学校高质量实施国家课程校本化，做强校本课程，做亮特色课程，共育有德行的未来创造者。将线上自适应学习课程纳入“万花筒$^{+}$”校本课程体系，使学校课程更具丰富性、可选择性，促进学生全面而个性化的发展。

2. 统整以自适应学习为主的“融创未来学院”课程资源平台

以满足学生自适应学习需求为目标，统整学校课程资源，持续开发课程资源，构建集国家课程、地方课程、校本课程于一体的课程资源体系，搭建“融创未来学院”课程资源平台。持续丰富并优化兼具“重点知识梳理＋精选作业指导＋兴趣拓展运用”等功能的“爱链高科”课后辅导资源，为国家课程配备必要的拓展课程资源，满足学生全面发展与个性化学习的需求。鼓励教师自主开发微课视频，自主研发一整套校本微课体系，成为学校“万花筒$^{+}$”校本课程建设的一部分，或为校本课程录制视频资源，丰富课堂教学资源，促进学生自主学习与教师个性化教学。丰富学生学习资源，加强线上学习指导，引导学生有效利用“空中课堂”“上海微校”“国家中小学智慧教育平台”等课程平台，扩大学生学习途径，促进学生个性化学习与成长。

3. 研发学业个性化诊疗系统

研发学生学业个性化诊疗系统，对学生学习的全过程进行管理，提升学生的学业质量。研发校本作业平台，为国家课程、地方课程、校本课程等研发充足的、个性化的校本作业资源，创新作业形式，设计长作业、实践作业等多种类型的作业，提高学生学习能力。大数据采集学生的日常作业及测验数据，生成“学生的错题本”“班级的错题本”“年级的错题本”，提高学生学习效率与课堂教学质量。

4. 建立促进教师成长的校本研修平台

充分发挥“互联网＋教育”的作用，研发校本研修平台，探索在线教研训一体的实施途径。丰富在线研修模式，建立校本化在线研修制度，对在线研修进行有效管理与监督。开展线上教研、线上备课、线上培训等在线研修活动,创新校本研修模式。结合“高科教师远航计划”的教师培养机制与干部培养机制,鼓励骨干教师录制教师培训微课,构建体系化的培训课程体系。对专家培训、专家讲座等进行录制,鼓励教师分享成长经历、校外培训经历、集团研修经历等,丰富师训课程资源。录制经典课例,形成校本经典课例库,供全校教师观摩学习,成为学校特色师训资源。分享教师专业成长的相关政策、市区活动、各项比赛,开阔教师视野,鼓励教师积极参加。引进市区及集团内的优质教学案例、师训课程等资源,在平台内进行共享,利用他山之石促进教师专业成长。将校本研修平台与教师评价体系、教师发展计划、干部培养计划等进行数据统整,助推教师队伍成长。

(三)技术赋能,深化体现融创特质的“四有”课堂

课堂教学是课程改革的重中之重,也是“双减”政策的重要途径。学校一向重视提高课堂教学效率,打造高效课程,减轻学生负担,并作为推进素质教育和课程改革的切入点。在智慧校园建设中,学校将深入探索新兴技术在教学领域中的应用作用,利用新兴技术助力课程与教学创新,深化“四有”课堂文化。

智慧课堂是未来学校课堂发展与变革的新路向,“以培养具有高智能与创造力的人才为目标,依赖于大数据、学习分析等技术,实施学情诊断分析和资源智能推送,开展云端学习活动与支持服务,进行学习过程记录与多元智能评价的新型课堂。”[①]搭建智慧教室等智慧课堂环境,合理运用网络、人工智能等技术,是实施智慧课堂教学的物质基础。

1. 完善课堂教学设施设备

在网络支持下,搭建课内与课外混合、线上与线下混合的混合式教学环境,包括讲授型多媒体教室、探究型多媒体教室、研讨型互动教室、互动直播教室等,实现教学模式多样化、课堂学习个性化,形成适用于多种教学情境的信息化支撑环境。在教室及各物理学习空间中配备类型丰富、数量充足的基础设施,深化人工智能技术的应用,实现教学的实时互动及教学

① 徐莉莉,刘建明.利用智慧信息化手段改进高校大班制理论课堂教学[J].中国教育技术装备,2020(12):116—118.

管理联动，辅助教师及时调整课堂教学，实施精准教学。配合特色课程与特色资源平台建设，接入多种形态的智能设备，开展虚拟仿真技术的云化应用。

2. 构建混合式教学模式

有效利用混合式教学环境探索混合式教学模式，探索实践以学生为主体的、基于信息化的新课程样态，深化教学方式变革。接入多种形态的智联终端和教育装备，探索多模态智慧教学方式，为学生提供沉浸式的学习体验。通过"课程＋人工智能技术"的完美结合，突破现有课程模式的资源、空间和评价模式限制，进一步探索运用"三段十步法"的融创课堂建设，拓展"四有"课堂文化内涵形成具有融创特质的实施路径。构建混合式教学平台，优化在线教学模式，提高在线教学质量，探索在线教学的互动反馈、课后作业、查漏补缺及及时评价等的有效途径，不断提高在线教学质量，有效落实大规模因材施教。同时探索并不断优化远程教学、双师课堂等教学模式，丰富教学模式的同时，完善学校课程体系。

华东师范大学基础教育改革与发展研究所所长李政涛教授在"ChatGPT 与未来教育"沙龙上的主题发言讲道："人师与机师共同进课堂，同上一节课，已经成为现实。人类课堂自此变成了'人师＋学生＋机师'的三位一体式课堂。"[①]因此，学校将积极探索以 ChatGPT 为主的人工智能成为"机师"的职责与功能，鼓励教师充分发挥人师的特色职能，研究"人师"与"机师"共上一堂课的有效路径，将课堂教学从"教师＋学生"转变为"人师＋学生＋机师"的三位一体式课堂。

3. 探索未来学习方式

利用多元学习空间，为学生突破时空限制，引导学生进行泛在学习与自主学习，确保学生在任何时间、任何地点，都能以灵活方式获取学习资源与所需信息，自主安排学习时间、实验时间与探究时间。

帮助学生分析个人兴趣、特长、爱好、需求等个人特点，发现自己的学习潜力，自主规划学习计划，扬长补短，确定个性化的学习内容、路径与方法，

① 李政涛：直面 ChatGPT，教师如何绝处逢生？[EB/OL](2023-03-20)[2023-05-05]. https://www.sohu.com/a/656648891_121124338.

在校内外各个学习平台与学习空间中寻找适合自己的课程，发现学习伙伴，定制学习内容，按照自己的节奏学习，并在学习的过程中寻找自己、发现自己、成就自己。

通过项目化学习活动，构建基于真实生活的学习环境，引导学生寻找真实的、有意义的、连续性的问题，深入了解相关知识，综合利用各学科的知识解决真实问题。通过实践探究活动引导学生进行以研究问题、解决问题为导向的探究性学习，促进学生通过各种事实来解释问题、深入研究、发现知识，充分发挥学生的学习主动性与积极性。利用虚拟现实技术，帮助学生实现沉浸式学习。引导学生掌握与机器对话的路径和策略，提高信息素养，从个人学习转变到人机结合的学习。

（四）以评促学，健全融创智能评价体系

未来的学生评价是以未来公民的核心素养为导向建构的评价体系，这一评价体系能够利用各种设备、信息技术自动记录学生的学习过程，帮助学生发现学习短板、及时改进。因此，未来的评价不是为了鉴别与评定，而是为了改变与进步，会更加重视学生综合能力的提升，淡化成绩。学校其他评价机制，包括课堂教学评价、教师发展评价、课程发展评价、教育质量评价、家长评价等，都是以学生发展为核心而确立的评价体系。

1. 开发多模态智能课堂教学评价系统

学校对学生学习进行持续监测和追踪，从多种信息渠道收集学生的学习过程和结果数据，采用多模态的评价方式、评价手段和评价维度，开发多模态的智能课堂教学评价体系，多方法、多渠道、全方位，使学习变得更加数字化、智能化，优化教学模式、提高教学成效；利用智能设计采集教师在课堂教学中的行为、教学过程中使用的资源、课后作业批改情况等，分析教师的课堂表现，从而帮助教师提高课堂教学技巧与教学质量。

2. 健全指向全面而个性化发展的学生评价系统

学校完善“高科才富成长营”智能评价系统，有效运用大数据健全学生综合素养评价体系，探索过程评价与成果评价相结合的评价模式，以评促学、以评促教，优化教学，助力学生全面而有个性的发展；强化素养导向，持

续探索等第制评价，注重对学习过程的观察、记录与分析，关注学生学习的全过程，强调基于证据的过程性评价。

3. 构建促进专业成长的教师评价系统

学校结合“教师远航计划”“高科五亮先锋行动”等教师发展机制，完善教师聘用、培养、考核等激励制度，以架构阶梯式激励体系为保障，汇聚校本研修平台、课程体系系统、教师成长档案等数据，以教师研修成长积分为主要评价方式，构建校本教师评价体系，构建集评价管理、听课评价、学生评教、教师评学、问卷调查等为一体的教师评价系统，保障教师专业发展，为提高教学质量、优化教育决策、指导教育工作提供科学依据和数据支撑。

4. 建立促进课程持续发展的课程评价系统

学校建立智能化的课程评价系统，鼓励学生、教师、家长、课程研发中心等积极参与，汇总学校课程评价大数据，促进全校课程体系的不断完善、课程内容的不断丰富、课程质量的不断提高，从而促进具有融创特质的课程发展与学校特色课程、品牌课程的建设与开发。

5. 探索教育质量综合评价系统

学校探索构建融办学方向、课程教学、教师发展、学校管理、学生发展于一体的学校教育质量综合评价体系，开发智能评价系统。统汇各评价系统、智慧空间、学习平台大数据，建立学校常态化评价网络信息平台及数据库，“完善学生综合素质评价档案，通过实地调查、观察、访谈等方式，深入了解掌握实际情况，切实做到定性评价和定量评价相结合，确保评价真实、全面、科学、有效。”①

6. 构建促进家庭教育的家长评价体系

学校在家校共育中开发评价功能，结合家委会、家长学校建设，通过学生评价、夫妻互评、家长互评、教师评价等多元主体，收集家长育儿及亲子阅读、亲子活动等大数据，完成对家长的系统性评价。根据评价结果，我们一方面向学校建议家庭教育课程、家委会、家长学校等的建设与研发方向，另一方面，向家长推荐成长课程、育儿经验，不断提高各位家长的家庭教育水

① 教育部等六部门关于印发《义务教育质量评价指南》的通知[EB/OL](2021-03-04)[2022-10-20]. http://www.moe.gov.cn/srcsite/A06/s3321/202103/t20210317_520238.html.

平，提升家长与学校的配合度。同时设定“年度优秀家长”“最爱学习家长”“优秀劳动指导家长”“优秀志愿服务家长”等多种荣誉，激励广大家长积极学习家庭教育知识，形成家校共育的合力。

（五）精准教学，建立大数据处理云平台

未来学校的数据中心将依托云计算平台的云数据中心，解决海量数据的运算和存储问题，实现互动式教学、沉浸式体验、智能安防、师生评价、教育管理等各项业务，兼顾数据的安全性与业务的稳定性。

1. 统整校园大数据

推进数据融通，注重有效运用。我们完善数据收集、分析、支持、反馈机制，汇聚学校大数据，对数据进行整理、分类和合理治理，利用全过程数据，形成基于大数据、物联网等新技术的教育治理模式，实现教育数据的综合应用，努力构建面向未来的、创新型的、高质量的教育生态。

我们从学校各平台、教务教学及管理系统、智慧空间、一卡通、智能设备当中汇聚校园大数据，建成校园大数据；建立大数据统一存储与计算集群，形成学校大数据资源池；提供大数据展示功能，让学校运营数据一目了然，为智慧化、数字化的管理决策提供理论基础。校园大数据分析决策涉及复杂的数据梳理、数据预处理工作，它的有效实施可使学校的数据质量得到很大程度提升。

内嵌网络安全态势感知系统，采用大数据转化为安全智能的理论，对校内消防安全、食品安全、网络安全等多源安全数据进行关联分析，收集各种安全数据，结合威胁情报系统，进行关联分析，实现感知、溯源、预警。

2. 精准画像赋能学生成长

汇聚学生成长数据，使学生成长画像更科学、更精准。通过对学生学籍、家庭住址、性别、人数等信息的统计，进行相关数据分析，了解全校学生概貌。通过 Wi-Fi 探针或 AP 日志数据关联分析掌握学生在校行为轨迹。利用大数据完善“高科才富成长营”评价体系与平台建设，完成学生综合素质评价，通过学生行为数据，形成学生个人数据中心。对学生异常行为建模，根据学生实际行为数据预警，对重点关注的学生进行行为监控。借助未

来教室，形成基于大数据的精准决策，促进教育服务流程的不断优化，更好地促进学生个性化成长。

3. 数字画像助推教师发展

汇集教师成长数据，绘制教师数字画像，助力教师专业发展。我们利用大数据探索创建校本教师评价体系、搭建教师成长平台、掌握教师成长轨迹，全面分析教师的教学情况、科研情况、阅读习惯等，评估教师工作量、发展潜力、教学质量等，并用作绩效评价，以激励教师专业成长、提高教师综合素养，进而帮助学校进行人才引进、教师管理、队伍发展等。

4. 实施精准教育与精准管理

1）推进学校治理现代化的精准管理

利用校园大数据，我们建立学校管理动态监测机制，健全学校管理制度，精准化识别管理对象、精确化配置教育资源、精细化管理任务目标、精准化考核管理责任、精准化提升薄弱层面、精准化打造学校品牌，推进各项工作的规范化，努力办成文化积淀厚、育人底蕴深、科学发展、质量上乘、特色鲜明的创新性、未来型、高品质的现代化学校。

2）探索校家社互动的精准育人模式

依托"亦师亦友"全员导师制线上平台，持续优化在线全员导师制与相关管理机制。结合校园大数据，精准分析每位学生的学习及生活存在的问题，帮助学生更好地查漏补缺，结合虚拟数字人技术，疏导学生心理，探索导师制新模式。精准分析班级学生、年级学生及全校学生存在的普遍问题，及时与家长沟通，建立基于学生普遍问题的分类育人模式，调整德育课程体系与家庭教育指导，丰富德育途径，探索大规模的全员育人。

结合家庭教育持续建设家校共育体系，引导家长构建家庭学习空间，强化家校共育。利用社会学习空间，进一步加强与社会相关部门和机构的合作，统整社会资源，多方协作、空间共建、资源共享，促进校家社三位一体协同育人。

3）指向大规模因材施教的精准教学

利用校园学生大数据，以大数据、云计算等数字技术推动教育过程从"非量化"到"可量化"，对学生学习数据进行全过程、常态化、伴随式采集，实现基于大数据的多维度综合性智能化分析评价。通过采集学生学习全过程的数据，精准诊断学情，为教师备课、课堂教学、作业设计与课后辅导提供数据支持，为学生提供个性化的学习资源，实施大规模的因材施教。

4）建立教师自主发展的精准研修

利用校园教师大数据，对教师的日常工作、研训活动进行全过程、常态化、伴随式采集，多维度、多层次、多角度深入分析，为每一位教师的综合素养提升、业务能力提升、专业成长提供科学依据，诊断教师近期发展需求，确定培训内容，分配研究课题，跟踪完成情况，精准施策，实现深度教研、精准研修。

（六）重塑文化，发挥校园环境育人功能

未来学校的每一个空间、每一株花草都将体现学校教育理念，发挥育人功能。走廊、屋顶等过渡空间，将更加关注学生的体验探究、生活休闲、交流讨论、全面发展等方面，成为促进学生个性化学习的载体。

1. 完善学校其他基础设施

坚持信息系统服务于教学与教研的建设导向，配齐配足教学用房的网络教学设备，特色打造场地信息化设施，配置行政管理与教研办公室设备，加强生活后勤管理智能化配备等。定期维护校园网络，及时升级网络带宽，确保网络带宽充足，能够及时将学生在课内与课外、线上与线下、现实与虚拟等诸多场景中的痕迹和数据完整传输、记录和保存。

推进信息技术与校园环境建设的融合，注重在每一个流程中考虑到信息技术因素的存在，将信息系统作为环境整体建设中的重要子系统。加强校园设计，构建美好环境，发挥环境育人功能。坚持循环利用、绿色环保的理念，杜绝建而不会、配而不用的浪费现象，以应用绩效为标度，完善教育科技咨询机制，适时引入合适教育技术，提升教育教学效能；完善常态化管理机制，加强应用维护反馈监督考核，促使现有资源用出成效。

2. 全面构建“融·创”校园文化

以人工智能实验校、精准教学实验校的建设为契机，进一步深化教育数字化转型，将教育数字化转型融入“融·创”文化建设，形成具有高科特色的教育数字化转型之路。以融育创，以创促融，围绕学生创新素养的培育，综

合运用各种可利用的资源，开发课程体系、进行教学改革、提升教师素质、转变教育教学管理方式、健全评价体系、探索育人新模式，使学生有理想、有本领、有担当，培养有德行的未来创造者。

第三章

润美而生，融美乐创的文化建设

润，滋润，润泽。润美，温润美好。润美而生，即坚持人文立校与科创兴校相结合，美化校园环境，传承中华优秀传统文化，营造“融合·创新”的育人文化，涵养校园文明，从日常生活、周围环境以润物细无声的方式，潜移默化地引导学生向美而生，培养仪态美、行为美、智慧美、品德美的学生。

文化育人于无形，校园是传播知识的育人场所，处处育人、时时育人。在办学实践中，注重文化浸润与引领，美德为先，人文向善，科创求真，深入开展中华优秀传统文化、革命文化、社会主义先进文化教育，大力繁荣校园文化，创新校园文化品牌，建设美丽校园，以班级文化浸润养成教育，以传统文化涵养人文精神，以优秀文化培养优秀品质，回归教育本真，把握教育脉搏，促进教育和谐发展，为学生健康、全面而个性化的终身发展奠定基础。

第一节　融美乐创之校园环境

学校“人文立校”和“科创兴校”的办学特色，是基于学校实际情况和发展诉求，经过长期积累而形成的，故此在文化楼道设计过程中，将紧扣融美乐创的办学主张，将“人文立校”和“科创兴校”的办学特色融入其中，通过形象生动的版面、多元互动的场景以及独具匠心的布局，营造出富有高科特色的校园氛围。

一、校园概况

张江高科实验小学有两个校区，香楠校区地处高科技园区生活区内，位于香楠路；藿香校区地处高科技园区集电港内，位于藿香路。香楠校区与藿香校区占地分别为 17 500 平方米、16 200 平方米，建筑面积分别为 7 500 平方米、8 200 平方米，体育活动场地分别为 3 560 平方米、3 860 平方米，两校区都有 1 个足球场、1 个手球场、1 个室内体育馆，均建有图书馆、音乐室、形体室、信息科技室、劳技室、美术室等专用教室。学校布局合理，环境优美，人文气息浓厚，彰显“环境即课程、即育人”的理念（见图 3－1、图 3－2）。

图 3－1　香楠校区“流动美术馆”部分场景

图 3－2　藿香校区“创思先锋”学习空间

学校致力于打造融创幸福城理念下的学习空间，创设以学生为中心的校园环境，通过空间上的纵横延伸，铸就教学相长新环境，开启环境育人新模式，让每一面墙述说学生的成长故事。流动的线条，连接每一间教室；明亮的色块，勾勒出一条艺术长廊，学生们在这里徜徉书海润泽生命，打开视野看见世界，悦动绿茵向阳而生，缔造属于自己的智能时代，在加减乘除中探索无垠。让学习真正发生，让成长有迹可循。

学校以凸显校园文化内涵为前提，整合“人人有自信、处处有合作、天天有追求”的办学理念、“人文立校”和“科创兴校”的办学特色等，利用暑期，进行了校园环境大改造。两校区的底楼大厅主题内容交相呼应，集互动、创新、趣味、评价于一体，融合科创、艺术、人文等元素，为探索未知启蒙，在寓教于乐的环境中激发学生的求知欲、思考力、创造力（见图 3－3、图 3－4）。

图 3－3 藿香校区“创空间”部分场景

图 3－4 香楠校区“融创城”空间部分场景

两校区每个楼层的设计都赋予其不同的学习功能，每个空间的打造中都蕴含着不同的育人价值。在设计上，将环境建设与信息技术相嵌，将空间划分与艺术人文相融，将创新设计与课程理念相连。在融创城，有历史的缩影，让学生在文化的熏陶中学会传承；有当下的精彩，让学生在幸福的生活中学会奋斗；有未来的雏形，让学生在梦想的发源地学会创造。每一个站点都能为高科学子拓展学习资源、拓增学习路径、拓宽学习空间。

绿植是校园环境的重要元素，是自然生命的象征。校园里的各个角落都种有粗壮的大树，成长为学校重要的色彩。教室里、图书馆、特色学习空间及各个办公室，也种有各种各样的盆栽绿植，为师生的成长点缀一抹生命的色彩。在种植园里，阳光穿梭过树叶的缝隙，在地面上映射出斑斓的图形，随着时间变幻成一个个有趣的光影游戏，那是大自然的作品。我们将自然带入校园，带到学生身边，让学生与自然对话，在细节中找寻自然的秘密，观察每一次生命的破土萌芽，记录每一种植物的生长过程，创新每一种可能的种植方式，探究每一次种植的研究价值。

二、文化楼道

学校将“创趣园”综合课程主题内容在文化楼道中生动地展示出来，全景介绍“中国心”“智能造”“宜居港”三大综合实践活动课程体系，使文化楼道成为全校师生了解“校家社”多元发展的桥梁，展示综合实践活动课程学习成果的窗口，培育人文素养的土壤，以及传承校园文化的纽带。

（一）三楼设计概况

1. 设计思路：人文立校——三位一体齐参与，多方共融同发展

三楼以“人文立校”为核心理念，秉持“三位一体齐参与，多方共融同发展”的设计思路，将长廊按照校、家、社三个场景进行切分，以不同的场景，分别展示三方特点。学校师生行走在三楼文化长廊，将感受“移步换景”的交互体验，从居家的客厅、沙发、电视机，到学校的教室、图书馆、运动场，再到社区的花园、健身步道等，均在三楼长廊里逐一展示。

三个场景使用雪弗板进行雕刻制作，体现场景的真实性，同时在玻璃窗处设置磨砂贴和磁吸雪弗板，辅以“校、家、社”的相关元素。在走廊的10个立柱上，还将设置触摸显示屏，通过音视频等多媒体手段展示相关内容。

三楼结尾处设置“四史”学习墙，通过平面展示和滑屏交互的方式进行综合展示。电子屏幕触碰到预置点位，将播放该处的特写和音频内容，扩大了内容的展示容量，提高了师生的参与度。

2. 主题铭牌：宜居港——综合实践活动课程展示长廊

该长廊具体展示学校师生在“宜居港——校本课程”中的各种课程实践情况、教学成果、相关作品以及行业发展的相关内容。

3. 模块设计

1）智能宜居之家

板块一：智能宜居大发现。主要介绍如今智能家居相关的前沿技术和实践情况，引导学生了解智能家居的发展情况。

板块二：宜居之家大创想。主要介绍展示宜居港校本课程中关于宜居之家相关的学习成果。

2）智慧宜学校园

板块一：智慧宜学博览馆。主要介绍学校在智慧宜学方面的具体尝试，包括但不限于硬件创新安装、课程体系设计等。

板块二：宜学校园实验室。主要介绍学校师生在宜居港校本课程中关于宜学校园相关的学习成果。

3）智趣宜创社区

板块一：智趣宜创大本营。主要介绍社区建设及治理过程中智能硬件、微空间等内容的实践情况。

板块二：宜创社区新空间。主要介绍学校师生在宜居港校本课程中关于宜创校园相关的学习成果。

（二）四楼设计概况

1. 设计思路：科创兴校——学史明理得真知，崇尚科学创未来

四楼以“科创兴校”为核心理念，秉持“学史明理得真知，崇尚科学创未

来”的设计思路。右侧以瓦楞纸工艺制作绿皮火车头，分别设置“四史馆、先锋馆、文化馆”三个站点，寓意从历史中汲取营养，学史明理，不断前行。

左侧以玻璃钢和雪弗板搭配设计和谐号的车头，分别设置“创新药、未来车、蓝天梦、中国心、智能造、数据港”六个车站。一方面左右对比，古今两种“火车”体现历史的传承与穿行，寓意不忘初心，牢记使命。另一方面，和谐号代表了中国高铁的世界一流技术水平，寓意科创兴校初衷，全景展示张江科学城的六大硬核产业的主题内容，进一步突出了崇尚科学的主题。

师生参观过程中，将有一辆仿真的“绿皮火车”作为“讲解员”，在长廊上方的轨道缓慢行驶，当抵达上述 9 个站点的时候，分别播放语音讲解内容。从“四史馆站”出发，到“数据港站”结束，寓意历史的传承，文化的延续，将“学史明理，崇尚科学”的主题生动诠释。

四楼起始点两侧将设置电子显示屏，以火车车窗的样式嵌入墙内，提升整体的统一协调，同时可通过视频方式展示学生作品、主题宣传片等内容。

四楼结尾处将设置学生手工作品展示橱窗，可同步展示 8 件手工作品。下方放置电子显示屏，轮番滚动展示作者介绍和手工作品的设计初衷。同时，显示屏两侧有 8 个点赞的按钮，师生参观时可实时点赞，对学生作品表示肯定与鼓励。

2. 左侧模块设计

左侧模块设计分为探秘创新药、创想未来车、践行蓝天梦、守护中国心、共创智能造、畅游数据港六个模块。每个模块根据其具体科普内容分为若干个车厢，全面展示张江高科六大硬核产业的企业构成、主要成果、产业实践等情况。

每个车窗设置磁吸雪弗板，介绍张江科学城六大硬核产业以及全校师生在相应领域的课程实践成果。磁吸的工艺可保证更换展示内容时不破坏背景，提高内容更新的便捷度。

3. 右侧模块设计

右侧模块设计分为四史馆、先锋馆、文化馆三个板块。每个板块根据具体内容又分为若干部分。其中，四史馆按照四个板块，根据时间脉络具体介绍党史、新中国史、改革开放史、社会主义发展史。先锋馆具体展示张江及浦东地区的劳模、工匠及优秀共产党员的事迹。文化馆具体展示学校的发展历史，文化作为及荣誉成果。

三、教室环境

美国教育家杜威曾说过，想要改变一个人，必先改变他的环境，环境改变了，他就被改变了。教室是学生学习的主要场所，也是师生情感交流的心灵家园，一个教室的环境对于学生的熏陶是潜移默化的。教室的布置是劳动教育一门潜在的课程，具有无形的教育力量，更是师生智慧的体现，美的创造。

整洁的教室卫生，雅致的学习环境，浓郁的文化氛围，展现了以班级为特色的育人理念、建班育人策略和文化输出。每一间教室的布置都能够促进班集体文化建设，为学生营造舒适、温馨、和谐的环境，让每一位学生都充满活力，身心愉悦。

教室的布置不仅是学校的事情、教师的事情，更是学生们的事情，每一位学生都以极大的热情投入其中，呈现出独特的班级文化。“温馨教室”的创建还需要鼓励学生们做班级的主人，用心构建，方能营造良好的师生关系、生生关系。在班干部的带头、引领下，教室里有了失物招领角、积分卡乐园、书香文化角……

收纳体现合理利用空间的能力，更体现归纳融合的生活智慧。如何在几乎不到一平方米的空间范围内将自己的书本、文具、生活用品摆放整齐又能随时取用，需要学生发挥自己的聪明才智；如何在一间不大的教室里将练习簿册、教师用品、班级公共物品合理堆放，整洁美观，需要一个班集体共同思考。三(4)班栀子花开中队为此特意开展了一堂妙趣横生的主题班会，引导学生通过合作探究发现收纳小妙招。队员们你一言我一语，边总结边整理，还没到下课，学习环境就变得井井有条了。

教室的布置还应该注入浓厚的文化气息。“让墙壁说话”是三(1)小茴香中队的智慧，队员们充分利用教室墙面的空白，精心布置，让教室的每一面墙都成为营造文化氛围的阵地。公告栏将课表、作息安排表、值日生表、班规罗列得清晰有条理；三幅“荷”的挂画，从含苞待放到灿烂盛开到花落结果，寓意生命成长的过程；书法作品《业精于勤》则时刻提醒学生们学习需孜孜不倦，催人奋进；“光荣榜”上的小红星是嘉奖，亦是鼓励。一面面“文化墙”在无形中感染着学生，引领他们去发现美、追求美、创造美。

第二节 融美乐创之制度建设

学校制度是学校育人文化的制度保证，与学校物质环境、精神文明建设有机结合。我校有效实施党组织领导的校长负责制，坚持民主管理原则，制定了以《学校章程》为核心的制度体系，包括教师管理制度、教学管理制度、档案管理制度、财务管理制度、后勤保障制度、学生管理制度等，保证学校教育教学工作的顺利展开，保障全校师生的共同利益。

一、制定《学校章程》，确立学校“宪法”

章程，是一所学校的“宪法”。学校在建校之初便制定了反映全校教职工和学生发展愿景的《学校章程》，凝聚了张江高科实验小学全体师生共同的价值理念与办学特色。

经学校教职工代表大会审议通过，《学校章程》共九章，包括《总则》《办学理念与学校文化》《治理结构和运行机制》《教育教学管理》《学生》《教职工》《学校资产及财务管理》《学校与家庭、社会》《附则》。此外，《学校章程》还包括《教职工（代表）大会制度》《教研组、备课组、年级组工作制度》《导师导学制度》《课后服务制度》《学生资助管理制度》《学校五项管理制度》《财产管理制度》等在内的二十个制度或办法文件，以附件形式对《学校章程》中的某些部分进行详细说明或规范。

学校章程

学校实行党组织领导的校长负责制。学校基层党组织发挥政治核心作用，教职工通过教职工（代表）大会参与学校的民主管理。学校形成“党组织领导、校长负责、多方参与、全员育人”的治理格局。

学校建立健全教研组、备课组、年级组等教育教学基层管理机制。

课堂教学是学校全面实施素质教育的主渠道,要深化课堂教学改革,贯彻以教师为主导、学生为主体的原则,坚持课堂教学的科学性、实践性、开放性,教会学生知识,教会学生学习,教会学生做人。

学校努力营造民主、自由、科学的研究氛围,构建对话、合作、反思、共享的研修文化,鼓励教师开展教育教学改革和实验,促进学校教育科研工作的提高,有利于学校的发展,有利于教师的成长。

学校制定健全信息科技教学相关的制度,依据国家新课程标准、新课程方案在相应年级开展信息技术学科教学与研究,充分整合信息技术作为一种辅助教学工具,渗透到教育教学领域中,真正地实现信息化教学,真正地成为学生的认知和思维工具。

学校实行以学生思想道德建设为主体,课程领衔,多元合作,分级管理的德育管理。

——节选自张江高科实验小学《学校章程》

二、制定课程与教学制度,确保学校教学质量

教学工作是学校的中心工作。教学质量是学校生存的命脉、发展的基础,也是每一位张江高科实验小学教师的荣誉。因此学校极为重视课程与教学工作的相关制度,依据《上海市教育委员会关于深化中小学课程改革加强教学工作的若干意见》《浦东新区整体推进信息技术与教学整合的若干意见》精神,制定了《各学科教学流程管理实施细则》《教研组备课组工作制度》《"快乐活动日"实施细则》《"同事互助观课"制度》《教科研工作奖励办法(试行)》等教育教学管理制度。

《各学科教学流程管理实施细则》是课程与教学管理的核心制度,根据学校的实际情况,从备课、上课、作业、辅导、评价等环节提出了具体要求。为加强管理、有效落实,教学流程管理按照期初制订的教学流程检查计划,由课程创新中心按月按项目开展阶段性检查,检查结果按质量分为 A、B、C

三个等第。日常检查结果作为期末绩效考核教学部分的重要依据。

各学科教学流程管理实施细则

树立“以学生为本”的理念，精心设计每堂课的教案。要从课程目标、单元目标、课时目标等层面整体把握学科教学目标，从知识与技能、过程与方法、情感与价值观三个维度及学科核心素养发展方面全面把握教学目标，教学设计要从学生的学习基础出发，注重接受式学习和体验（探究、实践）式学习的有机结合，从学科框架体系的纵向衔接以及学科间的横向衔接两个角度把握教学内容，并有效挖掘教学内容的育人功能。

课堂教学是整个教学工作的中心环节，是提高教学质量的主阵地。每个教师要认真执行《上海市教育委员会关于深化中小学课程改革加强教学工作的若干意见》的有关精神。

作业是检测教师教学与学生学习效果的中介，是师生交流的工具，是教师常规教学工作的重要组成部分，是全面提高教学质量的重要保证。根据“双减”及“五项管理”文件要求，学校语文、数学、英语学科一、二年级无书面作业，三—五年级书面作业不超过一小时，其他学科无作业。

辅导是体现以满足学生发展需要，贯彻因材施教原则的一个重要措施。辅导的目的要明确，态度要耐心，方法要因人而异，富有启发性、针对性。

评价是对教学过程进行调节控制，掌握教学平衡的一个重要环节。学校倡导“三全、三优”的质量监控理念，“三全”就是全面、全程、全员的质量管理；“三优”就是优化师资队伍、优化课程教学、优化教育环境。在这一理念的指导下，学校结合德、智、体、美、劳各方面，从认知、态度、情感三个维度制定各个流程的具体监控细则，强调动、静结合的质量监控。

——节选自张江高科实验小学《各学科教学流程管理实施细则》

三、制定教师管理制度，建设高质量师资队伍

教师是学校发展的核心力量。教师管理制度包括教师聘任、师德师风、校本研修三部分。其中，师德师风是校本教师管理制度的核心，我校按照《国家小学教师专业标准》《中小学教师职业道德规范》《教师师德规范》《师德“三字经”》，从思想政治、职业道德等方面加强师德师风建设。

教师聘任制是教师管理制度的基础制度，是学校人事制度改革的重要内容与建设高质量师资队伍的重要措施，也是学校民主管理的重要环节。《实行聘用合同制实施细则》是教师聘任制的重要制度，从聘用合同的订立、履行、变更等方面进行了系统规范，对学校在编在职教职员工及新进教职员工实行统一管理。

实行聘用合同制实施细则

本校聘用教职员工，贯彻科学定员、公开平等、竞争择优、合理流动的原则。凡在本校编制数内落实岗位的基础上，教职员工与学校法人代表签订聘用合同的，即为本校聘用合同制职工。

聘用合同以书面形式订立。单位法人代表、党支部书记、工会主席等党政工专职负责人，可按干部管理权限，与上级主管部门签订聘用合同，上级主管部门的任命书、聘任书或批复作为聘用合同内容之一，其确定的任职期限即为聘用合同期限。

合同履行期间，单位对受聘人员履行岗位职责的能力、完成工作任务的情况进行年度考核，并可增加聘期考核。考核结果分为优秀、合格、基本合格、不合格四个等次。受聘人员年度考核或者受聘期间考核不合格的，聘用单位可调整其工作岗位，并相应变更聘用合同。

——节选自张江高科实验小学《实行聘用合同制实施细则》

校本研修制度的最主要目的是提高教师专业发展水平，促进教师专业成长，从而提高学校教育教学质量。《校本研修管理章程》是教师研修管理

的核心制度，包括《总则》《常规研修管理》《专题学习管理》《专题培训管理》《专题展示管理》《专家引领管理》《其他》《附则》等九章。《校本研修管理章程》规定："校长是学校校本研修的第一责任人。"校长对校本研修进行总体策划、全面组织、全权管理，确保校本研修工作长期有效落实与持续实施。

校本研修管理章程

基于校情、教情及学情开展校本研修，借助专业引领人员的协助，用适切的研究、学习活动提升教师的专业水平，提高学校的教育教学质量，促进师生共同成长。

校本研修的主要环节是教师在教学行动中发现问题，在教学改进和团队合作中分析、解决问题，在行动和反思中得到专业发展。

成立学校校本研修工作领导小组，直接指导、组织学校校本研修活动的开展；具体事务由分管副校长负责，领导教师服务中心相关负责人和师训专管员开展。

——节选自张江高科实验小学《校本研修管理章程》

为激励全体教职工，尤其是教师主动发展，学校实行绩效考核制，制订了《教师（含管理、教辅及工勤人员）绩效考核方案》。该方案旨在进一步调动全体教师的主动性与积极性，提高教师专业素养，全面实施素质教育，开创学校教育改革的新局面。学校每学年举行两次考核，每学期一次。绩效制度实行至今，教师皆主动求发展，积极参加校内外的研修培训活动，教学质量得以较大提升。

考核原则

（1）尊重规律、以人为本。尊重教育规律，尊重教师的主体地位，充分体现教师教书育人工作的专业性、实践性、长期性特点。

（2）以德为先，注重实绩。完善绩效考核内容，把师德放在首位，注重教师履行岗位职责的实际表现、工作业绩和贡献。

（3）激励先进，促进发展。鼓励教师全身心投入教书育人工作，引导教师不断提高自身素质和教育教学能力。

(4) 客观公正，简便易行。坚持实事求是、民主公开，科学合理、程序规范，讲求实效、力戒繁琐。

——节选自张江高科实验小学《教师（含管理、教辅及工勤人员）绩效考核方案》

四、制定民主管理制度，焕发学校治理活力

学校强调多元主体参与学校制度建设，为实现制度建设的民主化与科学化，学校制定了《“三重一大”事项决策机制》《实行重大事项集体议事规则》《教代会实施方案》《关于执行“三重一大”制度的规定》等一系列制度文件。

实行集体议事的基本要求

(一) 体现民主集中制原则。

(二) 书记、校长互相尊重和支持，尽可能通过讨论取得一致意见后决策。

(三) 严格组织纪律，集体议事时，允许个人充分发表意见。一经决策，要共同贯彻实施，有不同意见可保留，但行动上必须保持一致。

——节选自张江高科实验小学《实行重大事项集体议事规则》

“三重一大”事项决策机制

我校规定凡属“三重一大”事项，除遇重大突发事件和紧急情况外，应由学校领导班子以会议形式集体讨论决定，不得以传阅会签或个别征求意见等方式代替集体决策。领导班子决策“三重一大”事项，要做到规范化、制度化、程序化，以保证决策过程的科学民主和结果的公正合理。

——节选自张江高科实验小学《“三重一大”事项决策机制》

教职工代表大会是学校教职工依法参与学校民主管理和监督的基本形式，是校务公开的基本载体，是学校管理体制的重要组成部分。学校充分重视每一位教职工的意见，用心倾听每一位教职工的心声，制定了《教职工（代表）大会制度》《教代会实施方案》，尊重和保障每一位教职工参与学校管理工作的权利。《学校章程》《各学科教学流程管理实施细则》《校本研修管理章程》等各项规章制度都是在充分听取全校教职工意见之后制定，在全校教职工代表大会通过后实施的。《教代会实施方案》从教代会的职权、教职工代表选举、教代会组织制度、工作机构等几个方面进行了规范。

教代会行使职权

(1) 听取和讨论校长工作报告。审议学校章程、发展规划、重要改革措施、财务工作报告以及学校其他有关重大问题，提出意见和建议。

(2) 审议通过学校教职工聘用聘任方案、奖惩办法、重要规章制度、校内收入分配原则和办法以及其他与教职工切身利益有关的重大事项。提交“三重一大”会议决策通过后予以实施。

(3) 审议决定教职工福利费管理使用办法、体检疗休养实施方案等有关教职工生活福利的重大事项。

(4) 在上级党组织的领导下，民主评议正副校长、学校党组织正副书记，提出奖惩意见和建议。根据上级领导部门的部署，参与民主推荐学校领导干部人选的工作。

——节选自张江高科实验小学《教职工(代表)大会制度》

教代会实施方案

第八条　教职工代表以组室为单位，由教职工直接选举产生，凡是享有公民权的教职工均有选举权和被选举权。代表的构成，既要照顾到学校各方面人员，又要充分体现学校以教学为主，其中教师代表一般占百分之六十。

代表实行常任制，任期三年，到期改选，可以连选连任。代表受选举单位教职工的监督,必要时原选单位可以依照规定的程序撤换、更换或补选单位的代表。

——节选自张江高科实验小学《教代会实施方案》

第三节 融美乐创之精神文化

在办学过程中,学校应坚持以习近平新时代中国特色社会主义思想为指导,紧密依托地域优势,以丰厚文明校园建设内涵为目标,坚持立德树人、涵育文明、赋能助力,使学校成为锻造理想信念的熔炉,引导学生"尚美、乐创",培养具有爱国心的现代文明公民。

一、建构理念体系,统领校园精神文明

(一) 办学理念:人人有自信、处处有合作、天天有追求

办学理念的核心思想是"以人为本",自信是人发展的基础,合作是人发展的关键,追求是人发展的动力。

自信——自信是一个人自主发展的基础。我们希望学校的每个人都能怀着自信展示自己的思想、智慧和才干。教师以坚定的教育信念、甘于奉献的精神、一流的专业水平担当培养人才的社会责任;学生在老师的鼓励下,以必胜的信心面对一切困难、重任,以良好的心态投入学习和成长。学校为每个人提供充分展示自我的舞台,认可每个人取得的点滴进步,使每个人都能得到尊重、信任和激励,让每个人感受到自信带来的催人奋进的力量。

合作——根据人的社会性,与人合作是人发展的关键。我们强调团队合作的价值,我们相信老师加老师大于校长、学生加学生大于老师、老师加学生永远大于我们自身,学校加家庭和社区力量大无穷。我们期望每一个人在团队中同步前进,也在团队中找到自己。为所有人创造合作、交流和展

示自我的机会，我们会竭尽所能。

追求——追求是人发展的强大内驱力。只有心中高悬理想并为之追求的人，才会走向成功，只有人人心怀梦想并会为之付诸行动，才会创造一所有希望的学校。我们希望所有学生都设定人生的目标，让理想召唤自己的行动；我们希望所有的老师都能用自己对理想的追求召唤学生的追求，在学生的成长中感受自我的成长，并达到事业的巅峰。因为追求，我们有动力，因为追求，我们努力抵达完美。

（二）办学目标：发展学习力，追求多元、和谐、卓越的学校主体文化

学习力是一个人或一个企业、一个组织学习的动力、毅力和能力的综合体现。学习力是把知识资源转化为知识资本的能力。我们的学习，不但要让学生学到知识，还要让师生在学习的过程中学会学习，形成并不断提高自己的学习能力，同时，让大家在有差异、有个性，同时又能融洽共生的氛围中追求卓越。

（三）培养目标：心中有爱、眼中有光、行动有力量的未来创造者

学校坚持素养导向，面向社会、面向未来，以培养“心中有爱、眼中有光、行动有力量的未来创造者”为育人目标。加强理想信念教育、厚植爱国主义情怀、提升品德修养，使学生有理想，从而心中有爱；引导学生增长知识见识、增强综合素质与综合能力，使学生有本领，从而眼中有光；培养奋斗精神、创新精神，增强社会责任感，使学生有担当，从而行动有力量。

（四）学校校训：诚朴求真、勤思求进

诚朴求真：我们要求师生在工作、学习和生活中历练和培养自己真诚、质朴的性情、品格和为人处世之道，做一个态度低调的人，一个精神上内敛的人；以科学、理性、实事求是的态度对待学业和工作，对待事业和人生，千教万教教人求真，千学万学学做真人。

勤思求进：我们希望老师和学生做到“业精于勤荒于嬉，行成于思毁于惰”，勤于思考，不断进取，做一个上进的人，一个睿智的人，成为人生高峰上

的攀登者。

(五)学校校风:言必行、行必果

语出《礼记·中庸》,先哲孔夫子告诫我们:一个人要言行一致。说出的话一定要算数,行动起来一定要坚决。一诺千金,敢作敢为,受人尊重;出尔反尔,优柔寡断,遭人鄙弃。学校里的每位师生都要以此为行动的准则,时刻严格要求自己的每一言、每一行。

(六)学校教风:学会倾听、学会宽容,把爱带给每一个学生

一个人最崇高的爱是爱别人,一个教师最崇高的爱是全心去爱每一个学生,这是师爱的准则。在教育工作中,教师要把信任和期待的目光洒向每个学生,善于倾听每个学生心声,和每个学生做朋友,用爱去赢得一切学生的信赖。冬季里的一米阳光,可以融化坚冰;老师无私的爱,可以把温暖永久埋进学生的心里。所有的老师都能够怀着一颗充满爱的心,去爱每一个学生!

(七)学校学风:学会质疑、学会探究,不轻易放过每一个问题

学风一指学校的治学精神、治学态度、治学原则;二指学生的行为规范和思想道德的集体表现,是学生在学习过程中所表现出来的精神风貌。“不放过每一个问题”是师生在教育教学、学习的过程中不轻易地放弃每个有待解决的问题,锲而不舍地探究、找到解决之道。“不放过每一个问题”是认真、严谨、不轻言放弃的工作、学习态度和风气。

(八)学校愿景:追求卓越、享受成功

让师生得到充分的尊重和关怀,有效激发师生个体内部精神世界对卓越学习、品质生活和前行目标的追求,并为师生提供优良、有效、卓越发展的平台;让师生在和谐、愉悦的教育生态环境中,享受知识学习带来的满足感、享受精诚合作带来的愉悦感、享受追求成功带来的成就感。

二、人文科创并重,夯实学生文化基础

在《中国学生发展核心素养》中将“文化基础”定义为:“文化是人存在的根和魂。文化基础,重在强调能习得人文、科学等各领域的知识和技能,掌握和运用人类优秀智慧成果,涵养内在精神,追求真善美的统一,发展成为有宽厚文化基础、有更高精神追求的人。”①尤其值得注意的是,文化基础包括人文底蕴与科学精神两部分。在此基础上,我们结合学校办学理念及传统特色,明确了“人文立校、科创兴校”的文化特色。

(一) 人文立校

人文底蕴是文明人的基本标识,主要是学生在学习、理解、运用人文领域知识和技能等方面所形成的基本能力、情感态度和价值取向。具体包括人文积淀、人文情怀和审美情趣等基本要点。②

人文立校的核心是涵养人文精神。人文教育,就是培养人文精神的教育,包括提升人的精神生活,培养健全的人格。人文立校,是让学生身处良好的人文氛围中,促进他们的境界提升、理想人格形成以及个人与社会价值的实现;既重视由外而内的文化学习,也强调由内而外的自我体悟。这需要广博的文化氛围陶冶、优秀的文化传统熏陶和深刻的人生实践体验等。用人文教育涵养人文精神就是引导学生进行自我体悟、心灵觉醒与境界提升的内在生长,是知行统一的过程。

(二) 科创兴校

科学精神是现代人的基本品格,主要是学生在学习、理解、运用科学知识和技能等方面所形成的价值标准、思维方式和行为表现。具体包括理性思维、批判质疑、勇于探究等基本要点。③

---

① 核心素养研究课题组.中国学生发展核心素养[J].中国教育学刊,2016(10):1—3.
② 核心素养研究课题组.中国学生发展核心素养[J].中国教育学刊,2016(10):1—3.
③ 核心素养研究课题组.中国学生发展核心素养[J].中国教育学刊,2016(10):1—3.

科创兴校的重心是培育创新素养。创新素养是有着新思维、新能力对过去旧事物所产生出的一种改造升级的修习涵养的过程，是一个民族、一个国家不断前进的动力源泉。我们依托张江高新技术科技园区的科技资源，将学校办成以科创为特色的小学，努力提升学生的科学素养，发展学生理性思维，提高学生逻辑能力，引导学生学会批判与质疑，保障学生勇于探究、善于探究。

（三）人文与科创的融合

人文教育与科创教育的出发点都指向人，并以人为归宿。两者的融合是知、情、意的融合并重，是个体的精神道德与科学知识平衡发展。

科学中内含人文精神。科学是人创造的，体现了人的本质。科学能转换人的思想观念，帮助人类精神不断提升；科学在创造物质文明的同时，也创造着人文精神。同时，科学以求真为根本任务，崇尚理性精神，科学的求真、求善、求美与人文教育在追求真善美的境界上是相通的，能够巧妙地融合在一起。所以，科学精神的本质就是人文精神，直接体现出人类对真理与知识的追求以及为之奋斗的崇高理想和不懈精神，这是人类文化所体现的最根本的精神。

人文中体现科学基础。近代科学不仅是科学精神的重要基础，也是人文精神的重要基础。近代科学使人的本质地位得以提升，提高了人的理性能力，彻底改变了人的观念，对于现代价值观念的形成与发展发挥了重要作用。近代科学力图实现科学与价值的完全统一，以理性为基础，坚持“民主与科学”的统一，最终为现代文明奠定基石。

科学与人文的融合不是简单的叠加，而是全方位的融合，是以学生的全面发展为最终目标，在教育思想、教育制度、课程教学等方面的全方位融合。学校始终坚持以学生为本，建设人文与科技相融合的校园环境，确立人文与科创并重的课程体系，从而提升学生人文底蕴与科学精神。

（四）人文科创相互融合的课程设计

1. 确立人文与科创并重的课程体系

为培养全面发展的创新型人才，学校课程体系特别注重人文教育与科创教育的平衡。人文类课程着重培育学生的人文关怀，主要包括人文知识传授、艺术修养提升、人文精神培育等；科学类课程着重培育学生的创新思维，主要包括科学知识传授、专业技能培训、科学精神培育等；综合素养类课程则强调人文与科学的相融，在科学实践中融入人文体悟，在人文体悟中融入科学素养。

2. 创建人文与科学融合的特色课程

在校本课程建设中，学校坚持在科技特色课程中融入人文精神教育，以培育全面发展的人为核心，以人文教育为底色，以科学教育为核心，促进课程改革，提升课程领导力，实现办学水平的全面提升。

如“中草药植物探究”课程融合了自然科学、中国传统中医药知识与医学精神，课程根据小学生身心发展的规律，在活动和探究过程中，认识中草药特征，体验中草药养殖与制作的过程，了解中草药在现实生活中的运用，从而培养学生对祖国医学的兴趣。在课程实施过程中激发他们对生命的珍惜，对自然的热爱，对中华优秀传统文化的自豪感，培养积极探索的科学精神，为实现知识向能力的转变奠定基础。“人工智能”课程将人文培育巧妙地融入现代科技教育中，培养学生的人工智能素养，具备适应未来智能型社会的基本能力，形成科学合理的人工智能伦理与道德观念。该课程强调学生利用人工智能技术解决生活、学习问题的能力，强调学生的计算思维以及创新创造能力，强调学生应对智能时代道德问题的能力。

三、思想教育深入，涵养师生文明素养

（一）学习为先，提升素养

我们坚持以“学、思、悟、行‘习近平新时代中国特色社会主义思想’”为主线，将思想政治教育和师德师风教育贯穿全体教工成长成才的全过程。

坚持“研”“学”同步，打好底色；“评”“宣”同步，榜样引路；“诺”“践”同步，真抓实干；“奖”“促”同步，明确导向。我们将师德要求融入教育教学全过程，纳入绩效考核，纳入“教师节表彰仪式”、“我心目中的好老师”评选活动、“教师基本功比赛”等评优评先机制；在党支部的引领下，积极开展“德才

兼备闪耀高科校园”、“学四史、守初心、乐做教育追梦人”、“善润生命、赋能成长，做知心引路人”、“蓄势待发新征程”、云游红色展馆等活动。

（二）文明修身，以美育德

坚持以社会主义核心价值观为指导，以立德树人为根本宗旨，依托六大育人途径，紧扣“扣好人生第一粒扣子，争做新时代的好少年”教育主题，开展一系列寓教于乐的教育实践活动，积极引导学生“求真、行善、尚美”，坚持“三全”育人要求，构建和美的协同育人格局，校家社三位一体将培育和践行社会主义核心价值观“落细”“落小”“落实”。

通过“祖国华诞七十载，领巾律动新时代”“共学四史明方向，助力高科新航程”“清明祭英烈”“雷锋精神助力成长”“探寻红色印记，传承红色精神”“在伟大旗帜下，感受浦东 30 年巨变”“共学四史传薪火，我是文明小主人”“学四史、担使命、致未来”“队旗飘扬跟党走，乐创赋能添荣光”等主题教育实践活动，引导青少年争做有道德、有理想的好少年！

“新冠战疫”期间，学校师生一方面通过诗歌童谣、书法绘画、为一线抗疫人员录制声援短视频、抗疫小报、居家创意游戏、新闻有感、迎元宵活动、居家承诺书、居家学习计划等，制作微信公众号推文，每天推送到班级群里，分享特殊时期的精彩成长，另一方面以各种形式捐款、捐物，传递温暖和力量。

四、学校精神引领，丰富师生文化生活

（一）文化活动、丰富多彩

党旗飘扬指明方向、团徽闪耀树立榜样、星星火炬铭记责任，学校少先队组织“爱党知史乐传承，尚美乐创寻红脉”“葵藿向阳生，童心颂党恩”“十万少年看浦东之探秘张江科学城”等丰富多彩的文化教育活动，引导队员从小听党话、跟党走，强化对少年儿童的政治启蒙和价值观塑造，并通过开展艺术节、语言文化节等节庆文化活动，重阳、端午等传统文化活动以及各年级入队、十岁集体生日等仪式教育活动，拓宽广大师生将精神文明风采内化

于心、践行于行的实践路径。

(二) 文化熏陶、阵地育人

校园文化环境创设凸显“人文立校、科创兴校”的办学特色，建设“创空间”等多个公共区域，全方位优化文化阵地的育人功能。我们通过橱窗、板报、墙面等载体，宣传社会主义核心价值观、展示国家的发展进步、彰显教育改革成果，从而陶冶师生道德情操。

结合“爱链高科”——在线课堂项目，开展丰富的文化主题微课程。我们开设了“别样的时期，同样的精彩”、“居家防疫”、“守护生命阳光”、“疫”起网课、“疫”起护眼、“养成个人好卫生，细菌远离你我他”、爱国主义教育、民族教育等丰富多彩的微课程。

同时，学校不断完善“信息台”“成长馆”“共育苑”等公微平台功能，以“沉浸式的体验”深入了解、展示文明校园建设成果；运用 VR 技术研发“党工团队一体化建设”线上教育实践馆，建设了云上“高科红领巾号”实践馆、“高科青春梦想号”教育馆、“高科模范先锋号”组织生活馆、“高科幸福教师”风采展示馆等。

第四章

慧美而育，融美乐创的课程改革

慧，聪慧，智慧。慧美而育，即以培育创新素养为核心，以培育高尚情操、美好人格为宗旨，营造中华美学氛围，把握新时代的审美需求，培养积极审美情趣，引导学生慧学习、慧创造、慧生活、慧发展，提升自我修养、依照美的规律创造美好生活。

课程是学校教育的核心。课程变革的目标是人的发展。在办学实践中，我坚持面向全体学生，聚焦以创新素养为核心的综合素养，面向未来，引领全体教师整合校家社教育资源，有效统筹国家、地方、学校三级课程，高质量实施国家课程，推动校本课程开发，构建课程体系，深化教学改革，利用新技术探索新型教学模式，推进综合课程，优化课程管理，创新评价体系，引导学生自主学习，促进学生个性发展。

第一节　融美乐创之课程图谱

学校注重特色课程培育，建设了一批具有一定社会影响力、提升学生综合素养的特色课程，促进了学生的全面发展。学校不断探索课堂教学改革，提高教育教学效率；落实学生综合素养评价，制定各种激励机制，促进学生主动发展。学校将提高课堂教学质量作为学校教育教学的核心任务，积极贯彻落实上级文件精神，深化教育教学改革，深入实施素质教育，减轻学生课业负担，加强教育管理，规划实施课程计划，努力提高教育质量。

一、课程理念

“融·创”，融合创新，在融美乐创的办学主张指引下，学校坚持以德为先，五育并举，综合运用各种资源与多种形式，高质量实施国家课程，积极推进课程改革，加强校本课程建设，注重课程综合，变革育人方式，坚持在融合中求创新，在创新中促融合，积极创设美的教育样态，促进学生终身发展，培育“有德行的未来创造者”。学校引导学生主动学习、个性发展，并形成了新的课程理念：融创共生，培育有德行的未来创造者，并体现多元、融合、个性、创新四个特点（见图 4－1）。

- 课程理念
  - 多元 —— 课程要素的多元性，包括取向的多元性、模式的多元性、内容的多元性和评价的多元性
  - 融合 —— “五育”融合、跨学科融合、传统与现代的融合、历史与未来的融合、线上与线下的融合
  - 个性 —— 课程建设以满足学生的个性化发展需求为指向
  - 创新 —— 课程目标以培养学生的创新意识与创新能力为重点

图 4－1　学校课程理念

（一）多元

“多元”是指课程要素的多元性，包括取向的多元性、模式的多元性、内容的多元性和评价的多元性。

取向的多元性，指课程实施坚持三个取向，一是忠实于教材与课标，忠实地执行课程方案；二是教师的教学设计与教学实施相互调适，以最有效的方法确保教学实施的成效；三是课堂创生取向，即课堂是师生共同合作、智慧创生的过程，应当充分发挥学生的主体性与教师的引导性。

模式的多元性，指课堂教学模式多元灵活，综合运用线上、线下、远程教学等模式，深化课堂教学改革；同时引导学生有效利用线上资源、线下资源、同学资源、家长资源等多种资源，进行自主学习、合作学习、探究学习，转变学习方式。

内容的多元性，指课程内容丰富多元，不拘泥于教材与课标，广泛利用一切可利用的教育资源，拓宽学生视野；综合运用图片、视频、动画、音频等多元的资源形式，创建灵动活泼的课堂教学模式。

评价的多元性，指评价内容多元且全面，涵盖学生个性成长的方方面面，在重视学生全面发展的同时，鼓励学生个性发展；同时，评价主体多元化，采用学生自评、同学互评、家长励评、社会人员参评、教师总评等相结合的形式，关注学生发展的全过程。

（二）融合

“融合”，源自“融美乐创”这一办学主张中的“融”，既包括“五育”的融合、历史与未来的融合、校家社的融合，在课程教学中又发展出“跨学科的融合”“线上与线下的融合”两个新内涵。

跨学科的融合，即推进综合课程建设，以跨学科、主题式、项目化、综合实践活动等为主要形式，强化学科内知识融合，打破学科壁垒，创设真实情境，引导学生运用各学科知识，培养解决问题的能力。

线上与线下的融合，即借助大数据、互联网、物联网等信息技术赋能学校教育教学，创建智慧校园，探索具有融创特质的课堂教学，转变教学方式与学习方式，促进师生共同发展。

（三）个性

“个性”是指课程建设以满足学生的个性化发展需求为指向。学校贯彻新时代党对教育的新要求，为每一位学生提供个性化发展的机会，根据学生身心发展的阶段特征，在打好共同基础、全面发展的同时，关注学生的个体差异，以内容丰富、可选择性强、适宜性高的课程满足学生个性发展的需求，实施大规模的因材施教，促进教育公平。

（四）创新

“创新”是指课程目标以培养学生的创新意识与创新能力为重点。学校依据学生终身发展和社会发展需求，明确育人主线，聚焦核心素养，精选课程内容，培养学生的爱国情怀与社会责任感，激发创新思维，提高实践能力，引导学生自主学习、合作学习、探究学习，鼓励大胆质疑、想象、标新立异，提升实践探索能力，培育创新创造能力，培育“有德行的未来创造者”。

（五）整体阐释

“多元、融合、个性、创新”，注重以德为本、五育融合，聚焦核心素养，激发创新思维，促进学生德智体美劳全面发展，使学生有理想、有本领、有担当；学校将全面深化课程改革，丰富“融・创”文化内涵，形成充满活力、多方协作、开放高效的学校工作新格局。

“多元、融合、个性、创新”，是与学校办学理念、育人目标、“融・创”文化建设一脉相承的。学校立足办学理念，坚定育人目标，建设“融・创”文化，实践“多元、融合、个性、创新”彰显课改精神、凸显学校特色，高质量地实施国家课程校本化，合理开发校本课程，提高教育教学改革成效，增强育人实效。

学校将持续传承现有的课程特色，以学生全面发展与素养提升为目标，因地制宜，以趣味性、实践性为课程实施依据，以教师、学生作为课程开发主体，围绕“多元、融合、个性、创新”的课程特点，统筹校内外教育教学资源，整体架构学校的课程体系，努力办成文化积淀厚、育人底蕴深、科学发展、质量上乘、特色鲜明的创新性、未来型、高品质的现代化学校，使学生喜欢、教师幸福、家长满意、社会认可。

二、课程目标

（一）学生培养目标

学生培养目标：培养心中有爱、眼中有光、行动有力量的未来创造者。

学校坚持素养导向，面向社会、面向未来，以培养心中有爱、眼中有光、行动有力量的未来创造者为育人目标；加强理想信念教育、厚植爱国主义情怀、提升品德修养，使学生有理想，从而心中有爱；引导学生增长知识见识、增强综合素质与综合能力，使学生有本领，从而眼中有光；培养奋斗精神、创新精神，增强社会责任感，使学生有担当，从而行动有力量。

（二）教师发展目标

教师发展目标：建设一支“仁爱崇德有温度、合作乐研有高度、学识扎实有深度”的具有融创特质的高素质专业化创新型的教师团队。

仁爱崇德有温度：热爱教育事业，有敬业精神和良好的职业道德修养，有大局意识和团队精神，为同伴送关心，对学生有爱心，有个人专业发展的愿景与目标。

合作乐研有高度：有高度责任感和职业敏感性，尊重教育规律，追求教学艺术秉性；有较强的研究能力、问题意识、合作精神，敢于质疑、大胆创新并积极探索，不断改进自己的教育教学工作。

学识扎实有深度：有强烈的求知欲，有开阔的人文视野、精深的专业知识和一定厚度的教育理论修养，善于将最新的教科研成果积极地运用到教育教学过程中。

融创特质：“融”，即学识渊博、扎实，能够将各种知识融会贯通，能有效利用各种育人方法指导学生发展。“创”，即积极进取、乐于钻研、精益求精、敢于创新，不停滞于已有成绩，不断追求卓越，在与同伴的合作中不断前行。

（三）课程发展目标

课程发展目标：构建以激发创新素养为核心的学校课程体系。

学校以国家《基础教育课程改革纲要（试行）》与《义务教育课程方案（2022 年版）》为指导，积极贯彻上海市课程方案，在学校课程实践探索的基础上，以学生发展为本，以培育有德行（心中有爱、眼中有光、行动有力量）的未来创造者为目标，围绕多元、融合、个性、创新的课程特点，设计融合学校文化、满足学生全面而个性化发展需求、促进教师专业发展的具有融创特质的学校课程体系；高质量实施国家课程，特色化建设以激发学生创新素养为核心的、具有融创特质的“万花筒$^{+}$”校本课程；学科育德，技术赋能，建设核心素养导向下的具有融创特质的“四有”课堂；以绿色指标评价为导向，构建融学生评价、教师评价、课程评价于一体的校本评价体系；建立质量保障体系，提升教育教学质量。

三、课程结构

课程体系结构(见图 4－2)。

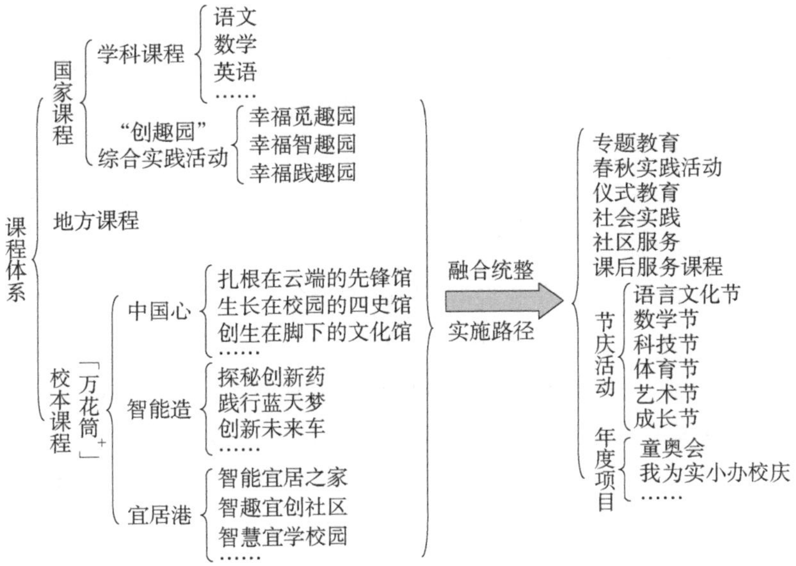

图 4－2　张江高科实验小学课程体系结构

课程格局：一心一核、多圈多点、绿色环绕(见图 4－3)。

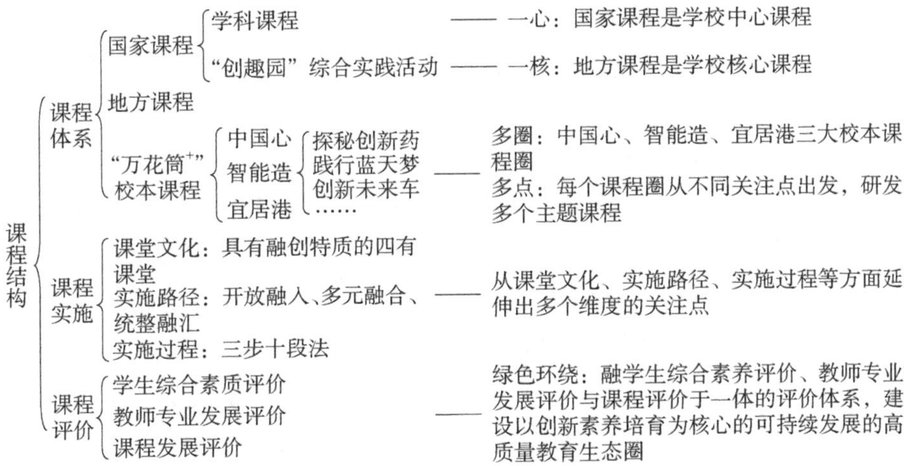

图 4－3　张江高科实验小学课程格局

四、内容体系

（一）落实国家课程校本化，做强校本课程

学校深入解读《义务教育课程方案（2022年版）》，正确把握新课程标准，结合学校与学生实际，高质量完成学科备课、作业设计等校本化实施文本。鼓励备课组开展新课程标准研读，深入理解各学科课程标准中的教学提示、教学建议、课程资源开发与利用等内容，优化教学五环节，坚持素养导向，深化教学改革，因材施教，注重教学实效。

尊重学生的兴趣、爱好和经验，开设丰富多样的校本课程，研发课后服务课程，形成导师活动课程、家校共育课程、兴趣社团课程、综合实践活动课程、自主学习社区课程等五大板块的课后服务课程群，构建具有融创特质的“万花筒$^{+}$”校本课程体系，供学生自主选择，让每一位学生在学习活动中拓展兴趣、激发潜能。推进学校校本课程建设，规范校本课程的申报、研发与管理机制，提供充足的课程设施，提高课后服务质量。

（二）做亮特色课程，形成特色品牌

发挥学校区域优势与课程优势，以问题探究、项目设计、综合实践活动等形式开展学校特色课程的开发与实施，培养学生科学探究、信息搜集、处理与运用的能力，拓展学生思维的深度与广度，形成有学校特色及区域影响力的课程品牌。

1. 中草药探究课程

学校以“基于区域特色的学校综合课程创造力实践与研究”项目为引领，以中草药这一传统文化为核心，注重利用身边的资源激发学生自主探索、发现奥秘的兴趣；注重融通生活，发展学生跨学科知识的运用能力，激发学生创新思维与创新精神；实践探究空间、物理学习空间与智慧学习空间深度融合，利用信息技术打造人人可学、时时可学、处处可学的学习空间，打破课程建设与学生学习的时空限制，促进智慧校园建设。

“中草药探究”校本课程以中草药为载体，引导学生开展药方制作、草药

种植、特性研究等多元主题的综合实践活动，开阔眼界，提高认识，锻炼实践能力，形成和发展对周围事物和现象的好奇心，求知欲和乐于尝试、主动探索的精神，与此同时，传承中医文化，弘扬民族精神。课程在多年实践基础上，不断挖掘生长点，优化课程内容与课堂教学方式，引入"项目式学习""跨界学习""跨学科学习"等新型学习方式，构建以下课程体系。

一、二年级以主题综合实践活动项目为特色，包含"消暑小能手""驱寒暖身宝""五禽模仿秀"等12个活动项目，通过模仿实践、趣味造型、小品表演、游戏活动、植物种养等适合低年级儿童的方式，引导学生初步接触中草药，在游戏化、项目化的学习中，获取直接经验，满足好奇心和自适应的需要。三～五年级构建"中草药产品研发"项目系列，包含"驱蚊大挑战""智慧百草园""草药足浴师""植物的'密'秘"等18个适合不同年级的活动项目，引导学生从科学的角度解析中草药，研究特性，并与生活实际相勾连，激发学生进行自主的设计、实践、改进，团队协作共同研发新方法、新用途、新产品，用于解决实际问题，提升生活品质。

校园中建设有配套场馆"中草药科普实践馆""'培乐多'草药种植屋"，并与智慧学习空间进行融合建设，以其规范化、专业化的设施、设备为师生提供更专业，更规范的探究空间，是"中草药探究"课程全天候的活动基地，让学生在体验中学习，在探究中学习，在合作中学习，用自己的思维方式，主动地、自由地、开放地去探索，去发现、去创造，成为学习的主人。

2. "家门口的中转平台"等项目化学习活动

学校以区级项目化学习实验学校建设为契机，以转变学生学习方式为目标，加强学科项目化、跨学科项目化学习活动的设计与开发，引导学生经历自主学习、实践学习、合作学习、探究学习等多样化的学习方式。同时，注重在链接社会的学习活动中，提升教师的课程开发和实施能力。

在前期探索活动项目化的基础上，学校加强了学科项目化、跨学科项目化的设计与开发，以真实情境为载体、任务驱动为特征，关注学生综合素养发展，着力建构项目化课程为特色的学校课程体系，在国家课程中开展学科项目化学习，在校本课程中统整区域优质资源，研发实施"中国心、智能造、宜居港"三个跨学科项目课程群。

学校努力为师生创设"人人皆学、处处能学、时时可学"的真实世界。一方面，以进一步培养学生研究性学习的习惯与创造性解决问题的能力为目标，积极打造成支持项目化学习的校内“自主学习空间”。另一方面，将技术赋能于项目化学习的过程、展示与评价中，创设体现“学习场景相互融通、学习组织动态优化、学习评价多元立体”等特点的个性化、多维度的自主探究学习设备和环境，从而引导学生更好地体验面向真实的项目式学习、强调融通的跨学科学习、注重思维的深度学习、基于数据的精准学习、创设链接的无边界学习，使“融·创”文化进一步体现，以此撬动学习方式的变革。与此同时，使社会资源与学校教育有机整合，形成联通机制，通过走出学校“小课堂”，进入社会“大课堂”，在真实情境中开展项目化学习。

在实践中，学校还加强了学科项目化的研究，开展了“核心素养背景下教与学设计创新”系列项目设计开发活动，目前已形成了语、数、英、自然、艺术等多领域10个学科项目化成果，并获得多个市区级奖项，如“学校门口的安全出行”等项目获得“义务教育项目化学习三年行动计划”市级优秀项目案例。

3. “创趣园”综合实践活动

学校以培养学生综合素质为导向，以培育学生创新素养为核心，关注学生个性化发展需求，尊重学生个人观点，侧重于跨学科研究性学习与社会实践，优化“创趣园”综合实践活动，形成系列化的、多元的、有挑战性的、综合性的实践活动。我们统筹安排各年级、各班级学生的综合实践活动课时、主题、指导教师、设施场地等，加强与校外活动场所的沟通协调，为每一个学生参与活动创造必要条件，提供发展机遇；鼓励师生从生活中选择有价值的活动主题，创造性地开展活动，为学生创造性地发展开辟广阔空间；引导学生主动运用各门学科知识分析解决实际问题，使学科知识在综合实践活动中得到延伸、综合、重组与提升。① 通过本课程的实施，学生主动关注社会，丰富了学习方式与生活体验，提高了解决实际问题的能力与实践探究能力。

课程以创新素养为核心，从创新人格、创新思维、实践能力三个维度出

---

① 教育部关于印发《中小学综合实践活动课程指导纲要》的通知[EB/OL].(2017-09-27)[2020-10-20]. http://www.moe.gov.cn/srcsite/A26/s8001/201710/t20171017_316616.html.

发，细化课程对学生创新素养培养的影响，不断推进学校课程体系建设，搭建指向创新素养培育的综合实践活动课程体系。我们充分挖掘课程体系中的创新素养培育价值，重构教学流程，创新课堂教学组织形式；转变传统以讲授法为主的课堂教学模式，引导学生进行自主探究和学习，培养创新思维、提升创新能力，最终指向创新人格的形成。

在课程建设与实施过程中，学校开展了一系列以人为本位的内外部空间建设。内部空间，即学生的心理空间；外部空间，即学生身体以外的空间，包括虚拟空间和物理空间。结合学生的发展特点及个性化需求，创设适合不同年龄段的多元、开放的学习环境，并提供多元、可选择的课程，从内外部两个维度出发，积极促进创新素养导向的教学活动发生。

外部空间建设将主要从物理空间和虚拟空间两个维度出发，一方面完善学校的软硬件设施设备的更新迭代，为学校创新课程建设提供支持，包括优化种植园地、引进人工智能设备等；另一方面，搭建线上虚拟教学空间，创新教学模式，为线上线下同步开展课程实践搭建平台，包括建设线上中草药科普实践馆、"亦师亦友"线上导师工作室等。

此外，学校还将原有的基础型、拓展型、研究型三类课程统整重构，构建了特色综合实践活动课程的整体框架，持续完善课程体系，研发课程内容，建设数字资源，提升课程的科学性、丰富性与可选择性，更好地满足学生全面发展的要求；丰富教师课堂教学形式与学生自主学习内容，激发学生学习兴趣，打造具有一定影响力的品牌课程；注重拓展学生学习发展的空间、方式与途径，加强知识学习与学生经验、现实生活、社会实践之间的联系，创设真实情境①，推动"做中学""用中学""创中学"，调动学生学习的主动性与积极性，引导学生主动学习、获取知识、掌握技能、提升综合素养。

"创趣园"综合实践活动围绕"我与自己""我与社会""我与自然"三大模块，整合劳动、兴趣活动、专题教育、社会服务、探究活动等，形成了"保护我自己——弯弯绕绕的消化系统""流浪动物保卫战""神奇的动物——薄荷"等 36 个课程主题。学校以"张江科学城"区域文化为教育资源，引导学生在

① 教育部. 义务教育课程方案(2022 年版)[M]. 北京：北京师范大学出版社，2022.

玩玩做做探探中学习，促进学生爱国情怀、创新精神、实践能力、社会责任感等共通素养得到持续发展。

一、二年级“创趣园”综合实践活动课程（见图 4－4、图 4－5），整合学校原有的专题教育、春秋实践活动、仪式教育、社会实践、社区服务、六大领域节庆活动、课后服务课程等课程内容，从“我与自己”“我与自然”“我与社会”三个维度出发，对应设计出“幸福觅趣园”“幸福智趣园”“幸福践趣园”三类课程主题。

图 4－4　一年级综合实践活动课程

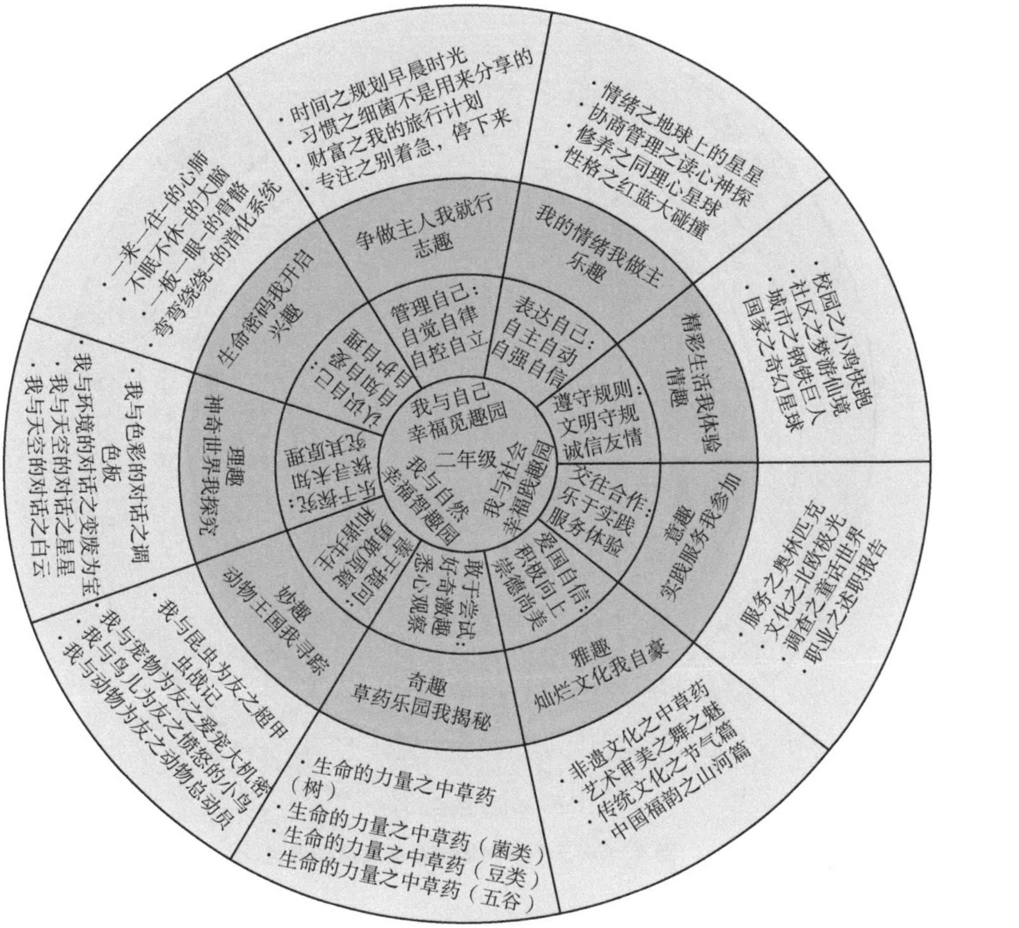

图 4－5　二年级综合实践活动课程

三至五年级综合实践活动课程，综合考虑学科知识及学生主体间的关系，开设了学生本位、融合多学科知识的校本综合实践活动课程，构建“中国心”“智能造”“宜居港”三大课程圈。每一课程圈下开辟出不同主题的系列课程，最终形成以年为单位的主题大项目课程群（见图 4－6）。

我们曾就学校的综合实践活动课程在全国及市级的研讨会上作交流发言，并在浦东新区教学展示周上开设公开课展示及研讨交流，并编撰出版《幸福创趣园——滋养生命的力量》等图书 2 册，设计完成了《传统游戏之皮影戏》《有趣的发现》近 10 本学生活动手册。多名学生围绕主题活动形成了作品集。

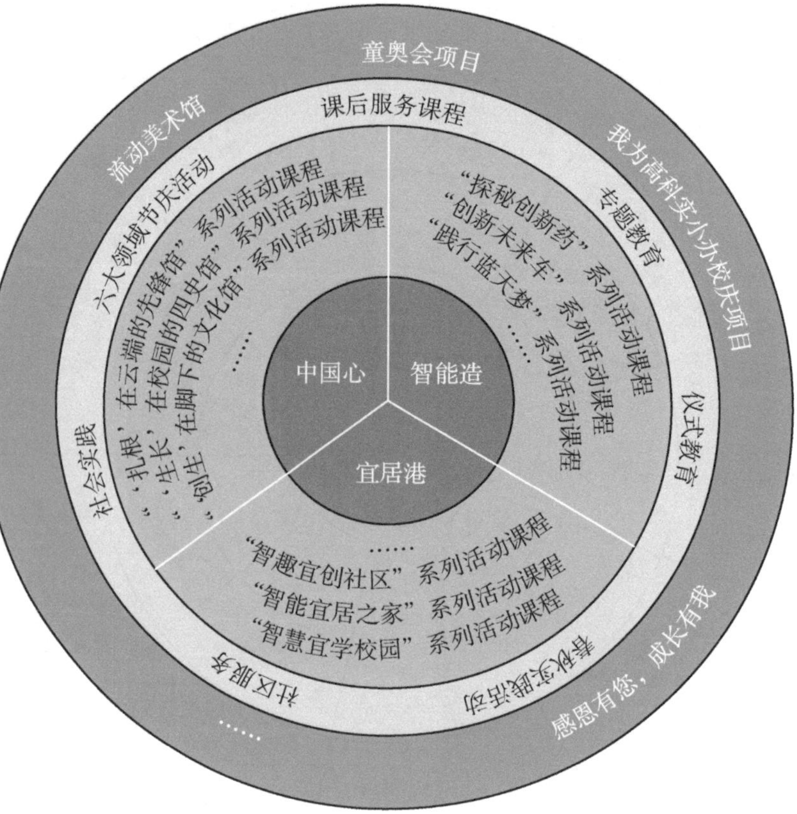

图 4-6　三至五年级综合实践活动课程

4. 生命美育感受体验式课程

以小学生喜闻乐见的方式增强生命美好的情感感受体验与理性认识，提升学生主动探究美好氛围和生态环境的兴趣，培养学生创造美好生活的能力，以此提高学生鉴赏、感受、创造生命美、生活美、生态美的意识和能力，从中感悟生命智慧成长之美、之乐。

学校依据《上海市普通中小学课程方案》和《上海市中小学生生命教育指导纲要》，围绕办学规划，从学生成长需求出发，对于小学生命美育感受体验式课程进行整体规划、统筹部署、顶层设计。在国家课程校本化实施过程中，努力构建“生命化课堂”，以此加强各学科生命美育渗透。在生命美育校本课程开发实施过程中，充分整合原有班团队活动、社团活动、专题教育、仪式教育、社会实践活动等各种课程，建构多元立体的七个主题版块课程内容，制订并全面实施学校课程方案（见图 4－7）。通过课堂教学、实践活动、评价机制构建等多种渠道，注重相互渗透、相互补充，积极挖掘生命美育内容中的审美因素，积极构建生命美育感受体验式课程，以此引导学生们去感受生命的美好，并努力在实践中体现自身生命价值，为每一位学生的生命精彩而奠基。

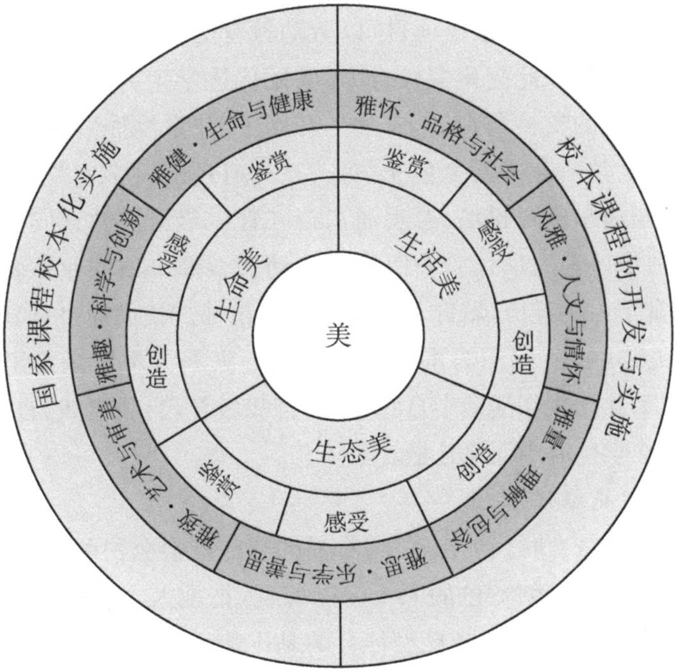

图 4－7　生命美育课程方案

学校在生命美育感受体验式课程开发与实施的过程中，通过国家课程的校本化实施和校本课程的开发与实施，使课程体现出有序化、系统化，以及一定的趣味性。

5. 劳动教育课程

我们依托市级课题“以劳动教育为抓手，家校共育促进五育融合的实践研究”，开展“劳动教育”与“德、智、体、美”的融合点的研究，制定分年级的劳动教育目标，设计包含学校、家庭和社区三个板块分年级家庭劳动教育指导案例，保障公益劳动、社会服务、社会考察等实践活动的参与面，增强学生劳动意识，锻炼劳动技能，提升劳动素养。

学校开展了丰富的项目化学习活动、职业体验微课程及社会实践活动，形成“学炒一个菜”“编制七彩梦，勤手美工艺”“创意不织布，心灵手更巧”“手工衍纸，妙手生花”“纽扣巧变身，匠心蕴其中”等多个劳动实践活动，在活动中引导学生综合运用各学科知识，提升劳动技能，激发创新意识与劳动意识，践行创新劳动，培育学生劳动素养，发展创新思维。

此外，学校还开展了家校项目“以劳动教育为抓手，家校合力促进五育融合的实践研究”，以此凝聚家校合力，共同促进学生劳育的发展。在家委会与社会各单位的支持与帮助下，学生开展了“化学魔壶”“食物中的化学”“酸与碱的对话”“一起来看七色光”等一系列有趣的科学实验，进行了参观磁悬浮列车与浦东国际机场、参观浦东新区青少年素质教育实验基地育华学校、在上海中医药大学体验中医药的劳动智慧等多项职业体验与社会实践活动，丰富了人生经历，培育了积极的劳动精神。我们通过创新跨学科项目化学习的方式，将“知识为本”转变为“核心素养为本”，激发了学生的学习、探究意识，让学生在活动中自我发现、自我教育，自我实践、自我体验，让劳动价值观在学生心中深深扎根。

6. 人工智能课程

为应对智能教育时代的来临、培育面向智能社会公民的智能素养，学校不断完善体现学校科创特色的人工智能课程，把准人工智能教育的内核与方向，使学生具备适应未来智能型社会的基本能力，形成科学合理的人工智能伦理与道德观念，助力学生成为未来智慧型社会发展中的创新者。学校将创新素养培育要素融入课程活动中，从创新意识、创新实践、创新人格三个维度出发，使学生在参与人工智能课程活动的同时，提升创新素养能力，并使这些能力在其他学科中得到迁移。

人工智能课程已形成“初识人工智能”“走进人工智能”“玩转人工智能”三大板块课程内容，分为普及型活动和提高型活动两大类型，以满足学生普及化和个性化的学习。具体内容包括社会实践活动、班队建设活动、学习项目活动、开心社团活动、主题节庆活动等，形成了一系列具有学校“科技特色”，充分体现学校“人文立校、科技兴校”理念的人工智能普及型活动和人工智能提高型活动。基础型活动现已做到学校全年段覆盖，使每一名学生都能够参与人工智能项目活动的学习。提高型活动主要面向三至五年级学生开展，部分活动存在内部的选拔机制，属于教师与学生双向选择的活动。目前我们已初步实现小学阶段人工智能教育的普及化和个性化开展。

通过项目活动开展，学生的创新素养水平得到发展，校园中的“科技创新”与“人工智能”氛围日趋浓厚，创新的思想从学生脑海中的抽象概念，逐步具象成为学校的文化建设。随着人工智能项目活动的不断丰富，学校的计算机创新学习中心、机器人创新实验室使用率不断提升，专用教室真正成为学生科技创新孵化场所。

学校先后被评为区智慧校园、区人工智能与编程教学实验校、区数字化精准教学实验校、全国人工智能百所联盟校等。

（三）构建德育系列课程，共育有德行的未来创造者

坚持以德为先、立德树人的理念，以道法课程为核心，推进学科德育，开展基于主题设计的德育专题课程，突出“创趣园”综合实践活动中的育德功能，充分挖掘每一门课程所蕴含的丰富的德育资源，将德育落实到学校所有课程与活动中，培育有德行的未来创造者。

学校依据《小学“道德与法治”教学基本要求》和新课标的教学要求，不断提升道德与法治教师教育教学水平，开展“基于中华优秀传统文化的议题式教学”等研究，充分发挥道德与法治课堂在学校德育工作中的主渠道作用。

各学科教师在课堂教学中有意识地将遵纪守法、健康成长、绿色环保、文明友善、尊师敬长、家庭责任等学科共性或个性的德育内容进行挖掘与渗透，力争多途径浸润，发挥学科育德功能，帮助学生养成良好的生活习惯，形成积极健康的德行品质，逐渐承担起家庭和社会的责任。

学校重视在综合实践活动课程中融入德育，在“融・创”文化的引领下，将国家课程中的“创趣园”综合活动及“中国心、智能造、宜居港”三大校本主题课程相融，突出德育为先、五育融合的教育理念，以提升学生综合素养与综合能力为导向，构建了一套基于“五小”（即小问题、小话题、小议题、小主题、小课题）成长阶梯的校本德育课程体系。

（四）构建校本课程资源库

丰富校本课程资源，构建校本课程资源库。学校鼓励教师自主开发微课视频，结合“空中课堂”，自主研发一套类目丰富、体系完整的校本微课体系，完成从优到特的探索，丰富课堂教学资源，促进个性化教学；丰富学生学习资源，促进自主学习与个性化学习；丰富“爱链高科”课程辅导资源平台内容，构建集国家课程、地方课程、校本课程于一体的课后辅导资源，促进学生个性化学习与成长。

第二节 融美乐创之课程实施

一、加强课程管理与质量监测，提高教育教学质量

学校在课程管理过程中逐步强化课程意识，加强教学计划的管理与落实，规范课程管理。具体包括：加强教学常规管理，保证教学活动的稳步、有序推进；抓好教师教学工作检查、课堂教学调研，加强质量监测，发挥教学质量评估的导向、激励功能，保障教学质量；完善听评课制度，规范教学过程管理，引导教师创造性地实施课程，提升课堂育人效果；及时发现问题、解决问题，确保教学质量稳定提升；统筹调控各年级各学科作业数量、时间与方式，引导教师开展精准化教学和学情动态分析与评价。

学校通过以上措施形成集课程导航、课程选择、课程记录、课程评价于一体的《课程管理手册》，对课程开发与实施进行全过程的指导和协调，推动课程改革；继续开展基于学生自主参与的学校课程运行机制研究，完善课程运行机制，让学生成为课程开发、课程实施、课程评价的小主人，逐步培养善于思考、善于观察、善于反思的学习品质；形成由指导原则、机构设置、管理运行三个板块组成的、供教师使用的《课程导航手册》，促进课程的良性发展；完善校本课程申报、开发制度，组织编写《校本课程开发指南》，提高教师课程意识与课程执行力，培养了一支课程研究与开发队伍。

二、拓深课堂文化，深化体现融创特质的“四有”课堂文化内涵

(一) 深化课堂文化内涵

学校利用新技术赋能课堂教学，将“融・创”文化融入原有“有生活的课堂、有道德的课堂、有对话的课堂、有探究的课堂”的“四有”课堂理念，进一步深化内涵，创设激发创新思维的课堂文化，探索开放融入、多元融合、统整融汇的课堂实施路径：

学校探索实践以学生为主体的、基于信息化的新课程样态，深化教学方式变革。通过“课程＋人工智能技术”的完美结合，学校突破现有课程模式的资源、空间和评价模式限制，进一步完善“三段十步法”(见图 4－8)；凸显

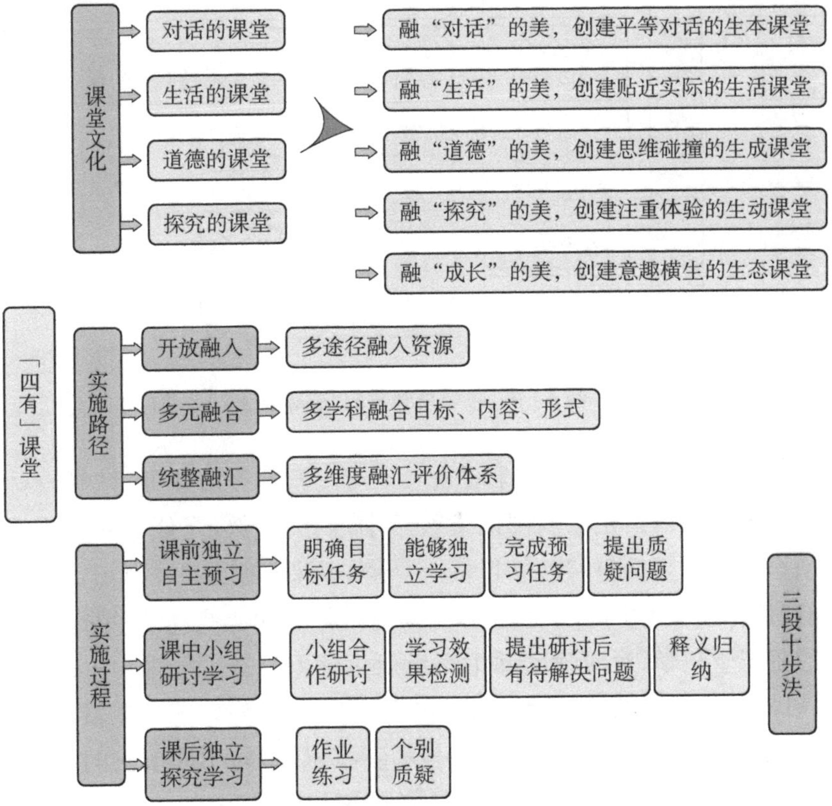

图 4－8　“四有”课堂内涵

项目化学习、主题式教学、实践探究，鼓励学生在真实情境中体验知识，在实践中进行探究式学习、基于问题的学习，不断创新教学模式，深化课程改革。

（二）优化教学五环节

优化教学五环节（见图 4－9），将教师的教学环节与学生学习相结合，引导学生深度学习，践行“做中学”“用中学”“创中学”，积极探索新技术背景下学习环境与方式的变革，达到教师全面引导，学生主动学习，课堂气氛活跃，师生互动和谐，教学形式丰富，教学手段先进，当堂反馈，动态生成的理想状态，最终激发学生创新思维，使得学生人人有发展。

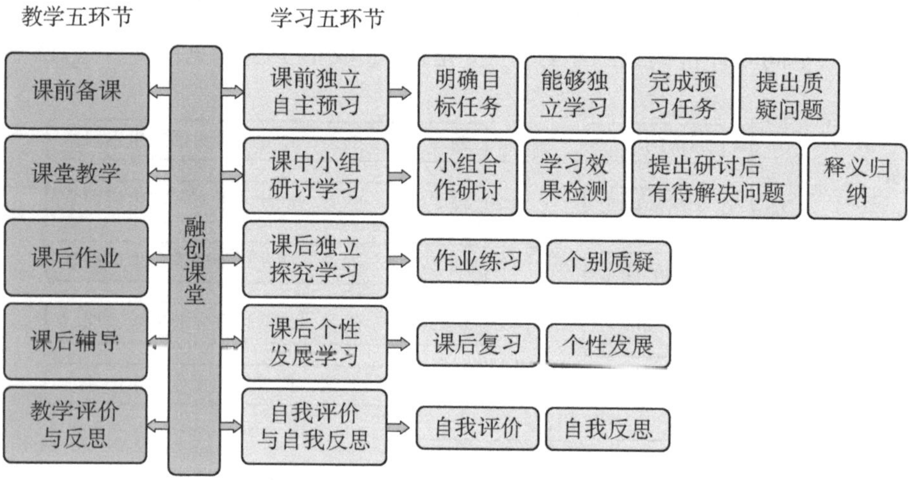

图 4－9　教学与学习的“五环节”

教师课前备课，对应学生课前独立预习。教师深研课标，钻研教材，将课标的内容与要求细化落实到课堂教学中；以学定教，充分了解每位学生，设计适合每个学生的分层教学目标；倡导学生课前独立自主预习，培养学生预习的习惯。预习中明确目标任务，并提出质疑与问题，提高预习的有效性。

教师课堂教学，对应学生课中小组研讨学习。教师根据学生的预习情况，有针对性地精讲精练、解疑答惑，提高课堂教学效率；采用丰富的教学活动、教学形式与教学素材，充分利用各种新技术，针对不同层次的学生设计差异性的练习题，满足学生个性化学习需求与发展需求，引导学生主动学习、深度学习、合作学习，转变传统的被动学习的状态。

教师课后作业，对应学生课后独立探究学习。学校贯彻落实“双减”要求，设计高质量作业，设计情境多样、形式新颖、贴合生活实际的作业，减轻学生作业负担，激发学生的探究兴趣，鼓励学生发现问题或提出个人质疑。学生通过独立完成各种梯度的作业练习巩固所学、查缺补漏，通过实践性、综合性等形式的作业提升独立学习、探究学习的能力，部分作业亦可通过合作学习的方式完成。

教师课后辅导，对应学生课后个性发展学习。教师充分利用课后服务时间，引导学生及时复习巩固，根据学生学习情况进行辅优补差，促进学生人人发展、个性发展。学生根据自己的学习情况进行查缺补漏、个性化发展，学习能力强的学生可以进行更深入的探究学习，或更广阔的拓展学习，学习能力较差的学生以复习巩固为主。

教师教学评价与反思，对应学生自我评价与自我反思。学习结束后，学生对课前预习、课堂学习、课后作业及复习进行反思与评价，教师对课堂教学及学生学习情况、作业情况进行评价与反思，引导学生合理利用评价结果改进学习，以评促学。

（三）探索“人师＋学生＋机师”的三位一体式课堂

积极应对 ChatGPT 对课堂教学所带来的冲击与变革。我们尝试探索“人师为主、机师为辅”的“人师＋机师”的双师模式，发挥“机师”在记忆型、计算解题型、考试训练型的知识与技能训练方面的优势，发挥“人师”在培养学生的价值观、高阶思维，好奇心、想象力与审美力等方面的优势，人机协作育人，共同创建“人师＋学生＋机师”的三位一体式课堂，达成人机协同育人①。

① 李政涛在“ChatGPT 与未来教育”沙龙上的主题发言中讲道：“尽管教师不可能被 ChatGPT 这样的‘机师’所替代，但人师的部分角色、职能或作用，如设计课程、知识搜索、课堂模拟、语言翻译，作业测评等，将被‘机师’所代替……未来的教师要把宝贵的时间和精力，投向那些人工智能无法或不能替代的知识和能力，如价值观、高阶思维，好奇心、想象力与审美力等。”见李政涛. 直面 ChatGPT，教师如何绝处逢生？［EB/OL］(2023 - 03 - 20)［2023 - 03 - 25］. https://www.sohu.com/a/656648891_121124338.

三、优化在线教学模式，促进线上线下立体融合

（一）优化在线教学模式

在优化在线教学模式方面，我们做了以下努力。

探索在线教学的互动反馈、课后作业、查漏补缺及及时评价等的有效途径，不断提高在线教学质量，有效落实大规模因材施教。进一步挖掘教师在线教学和辅导的有效方法与途径，健全在线巡课机制，优化在线教学管理效益，提升在线教学质量，保障每一位学生的学习权益。

丰富校本课程资源，构建校本课程资源库。鼓励教师自主开发微课视频，结合“空中课堂”，自主研发一整套类目丰富、体系完整的校本微课体系，完成从优到特的探索，丰富课堂教学资源，促进个性化教学。丰富“爱链高科”课程辅导资源平台内容，构建集国家课程、地方课程、校本课程、主题教育活动、节庆文化活动等于一体的课后辅导资源，促进学生个性化学习与成长。

借助 ClassIn 平台，融合校本课程资源，使传统线下课堂与在线教学的优势互补，探索“授课＋辅导”的线上线下立体融合的教学模式。为学生制订个性化的学习与发展方案，引导教师适应“互联网＋”环境下的新型教学，促进师生共同发展。

（二）构建混合式教学模式

学校有效利用混合式教学环境探索混合式教学模式，探索实践以学生为主体的、基于信息化的新课程样态，深化教学方式变革。

通过“课程＋人工智能技术”的完美结合，突破现有课程模式的资源、空间和评价模式限制，进一步探索“三段十步法”的融创课堂建设，拓展“四有”课堂文化内涵形成具有融创特质的实施路径。

以学生为中心，将不同的教学环境进行有机融合，通过学习自主权导入、问题任务导入等教学设计因势利导，构建启发式、思辨式、开放式互动协同教学，既发挥教师引导、启发、掌控教学过程的“教”的主导作用，又充分体

现学生作为学习过程主体“学”的主动性、积极性与创造性。

强调学生的亲身体验、动手实践，探索体验式学习、基于问题的学习、探究式学习等特点的教学模式，不断创新教学模式，深化课程改革。以项目成果或探究任务为导向，构建项目化、探究实践、艺术实践等的教学体系，使学生在成果创作和实践情境中，体验并锻炼综合实践能力，从而形成以结果为导向的教、学、练一体化的实训链。在构建“三全育人”大格局下，将实践探究与社会热点相融合，开拓课堂与社会相结合的多元教学情境。

四、转变学习方式，引导自主发展的学习模式

（一）主题综合活动，双向衔接学习

学校作为上海市小学低年级主题式综合活动课程试点校，依据《教育部关于大力推进幼儿园与小学科学衔接的指导意见》，设置了“创趣园”综合活动，形成了以“创读”“创玩”“创思”“创行”为特色的课程组织与实施方式，让学生们在“玩中学”“做中学”，逐步适应小学生活。与此同时，指导幼儿园引入学校特色课程，在科学探索课程模块化建设中链接中草药探究课程元素，开发种植、保健等小社团课程，增强课程衔接，提升学习内容的衔接度。两校教师还深入开展教研、科研活动，探索教学方式，在互进课堂、课堂研讨、个例访谈中，不断优化教学方式，提升衔接效能。

（二）项目化学习，深度主动学习

学校目前是浦东新区项目化学习实验学校，在前期探索活动项目化的基础上，加强了学科项目化、跨学科项目化的设计与开发。在活动项目化中探索“学校年度大主题—年段、班级、个人小主题”设计开发模式，完成了“高科幸福童奥会”“我为学校办校庆”“家门口的中转平台”等项目群建设，学生参与度100%，“家门口的中转平台新闻发布会”项目成果被“第一教育”“东方教育时报”等平台刊登。

学校加强了学科项目化的研究，开展了“核心素养背景下教与学设计创新”系列项目设计开发活动，形成了语、数、英、自然、艺术等多领域10个学科

的项目化成果。其中，让儿童站在“流动美术馆”的正中央——美术学科项目化学习在浦东新区展示，该项成果还获得“义务教育项目化学习三年行动计划”市级项目案例一等奖。跨学科学习则以中草药、人工智能等学校特色课程为切入点，设计了创客设计智慧花园、智能家居、植物的秘密、烟草双刃剑等 30 余个项目供学生选择学习，“学校门口的安全出行”、“有效改善上学放学校门口交通状况的方法”等项目获得“义务教育项目化学习三年行动计划”市级优秀项目案例，学校近 10 名教师参与上海市三年行动计划培训活动，获得“种子教师”等荣誉称号。

（三）学科主题综合，问题解决学习

《义务教育课程标准(2022 年版)》提出“每门学科安排不少于 10%的主题学习”，学校尝试设立学科主题，形成单元大问题、大任务，引导学生用作研究、做项目的方式学习，提升学生问题解决能力、实践创新能力。学校以“学科节庆活动”为载体，创设用学科、跨学科知识解决实际问题的活动情境、活动内容，先后设计了“科学技术与宜居”的科技节、“高科小创客，‘数’你最成长”数学节、“与经典同行，与成长为伴”语言文化节等 6 大节庆活动。

校园科技节立足张江“城市生活圈”，以帮助“幸福融创城”未来小公民“融”入未来社会，“创”造美好生活为驱动任务，尝试探索设计了“环保收纳盒”项目、“创意车壳”设计项目、“有效降低校门口周围交通事故率的方法”项目；在数学节中，围绕时间、方位、测量、统计、创业设计主题，形成了“小小 time 博士”“小小校园探险家”“小小测量师”“小小统计师”“小小创业家”主题活动。

以“数学计算”为主题的数学节，以提升小学生数学计算能力为驱动问题，鼓励学生主动参与“计算小达人”“校园美化师”“比赛 PK 王”等活动设计，全方位参与发现问题，设计提升方案，组织活动实施等，仅以各班自主设计规划布置的数学“小黑板”为例，本次数学节庆活动由学生完成约 200 块主题不同、内容各异的版面内容，参与设计的同学达到 100%，参与制作的同学达到 500 余人。

（四）线上线下融合，双线并行学习

居家学习为创新学习模式提供了新契机，学校确立了“空中课堂＋爱链高科微课＋个性互动 N^{+}”的在线教学“组合套餐”，开发了一套较完善的“爱链高科”微课程，包含了各个学科，涵盖了一至五年级各年段，兼具“知识梳理＋作业指导＋拓展运用”等功能。实践中充分发挥“互联网＋教育”的作用，借助教学平台，整合“空中课堂”的系统教学资源及学校研发优质资源，开展学科线上教研、作业辅导、答疑等活动，全方位满足师生个性化发展需求。

线上学习改变了原有单一的常规行政班的教学模式，在虚拟教学空间内创建满足多种需求的线上学习互动空间，包括学科合班教学的互动空间、教师在线辅导教学互动空间、以主题活动或项目为主导的互动空间。疫情期间，学校全线启动双线教学活动，新模式获得大家认可，师生接受度、落实度高。

在线上线下融合教学中我们开展“三段十步法”的探索，试点开展课前预习、课中互动交流、课后知识巩固等主要教学环节。各教研组深入研究“互动工具使用”“引入策略”“主动学习策略”等各个专题，学校语文、数学、英语、自然、体育等学科就线上教学经验、策略在区内多次交流，推广双线学习的经验，起到一定辐射作用。目前，学校 30 余个信息化微小课程被“学习强国”平台选用，使用、观看率高，收效好。

（五）场景沉浸体验，智能融合学习

学校将教与学的理解渗透到自主学习空间的设计中，创设适合不同年龄段发展核心素养的“融创城 N^{+}”自主学习空间，践行“用中学”“做中学”“创中学”，提升学生分析问题与解决问题的能力，撬动核心素养的发展。如中草药自主学习空间依托校内“一馆两地”，在学习空间中引入能够满足智能语聊、多模态交互等需求的智能机器人，增设物联网远程直播设备，同时开发中草药线上科普实践馆，让学生以更便捷、自由的方式进行种植和实验探究，打破学习时空的限制。

同时,我们努力将“融创城 N^{+}”打造成以学习者为核心的自主学习空间,以“思维—实践—创新”为主轴,通过开发课程学习平台,鼓励学生集思广益、协作探索、创造分享,支持学生自主探索、自主发展。目前,空间里“中草药创意桌游”等项目已经上线并展开试点,学校还将在信息化学习平台打造上继续深耕,为学生打造形式与内容兼具的自主学习空间。

(六)技术赋能,探索未来学习方式

在智慧校园的建设中,学校将继续利用丰富的课程资源平台、家庭共育空间、社会学习空间、空中课堂等多元学习空间,为学生突破时空限制,引导学生进行泛在学习与自主学习,确保学生在任何时间、任何地点,都能以任何方式获取学习资源与所需信息,自主安排学习时间、实验时间与探究时间。

教师帮助学生分析个人兴趣、特长、爱好、需求等个人特点,并根据其个人特点鼓励主动学习,让他们在校内外各个学习平台与学习空间中寻找适合自己的课程,发现学习伙伴,定制学习内容,按照自己的节奏学习,并在学习的过程中寻找自己、发现自己、成就自己。

学校通过项目化学习活动,构建基于真实生活的学习环境,引导学生寻找真实的、有意义的、连续性的问题,深入了解相关知识,综合利用各学科的知识解决真实问题。通过实践探究活动引导学生进行以研究问题、解决问题为导向的探究性学习,促进学生自己通过各种事实来解释问题、深入研究、发现知识,充分发挥学生的学习主动性与积极性。

学校利用虚拟现实技术,帮助学生实现沉浸式学习;提高学生信息素养,发掘人工智能在学生学习中的作用与优势,引导学生在人机对话中有策略地学习;促使学生有能力借助人工智能、大数据、计算机等信息技术完成学习,如查找资料、整理归纳等,从个人学习转变到人机结合的学习。

学校对个性化学业诊疗系统的测评、错题集及学生综合素质评价体系等进行大数据采集、处理和分析,帮助学生发现自己的学习潜力,自主规划学习计划,扬长补短,决定个性化的学习内容、路径与方法,同时,随时监督学习进度,检查学习效果,提升精准学习的效率。

第三节　融美乐创之课程评价

一、完善促进课堂质量稳步提升的教学评价体系

（一）完善校本教学评价体系

学校结合各学科课程方案、国家教学评价体系、学校自身的传统与优势、教学的目标与效果，建立并不断完善校本教学评价体系，以提高教师教学水平，提升学生学习效果，促进学校发展。

首先，以德为本，重视教学质量，打破唯成绩论的单一的评价标准，确立五育融合的课堂教学评价体系，以评促教、以评促学、以评促发展，确立规范性的教学常规，在全校范围内开展课堂教学改革，倡导各学科探索适切的新型教学模式，鼓励教师自主学习、主动研修、积极提升业务水平，努力构建以学生为中心的“四有”课堂。

其次，重视教学常规，构建校本教学常规指标体系及其评价量表。其中教学常规评价量表包括教师评价与学生评价两部分，教师评价指标包括备课、课堂教学、作业设计与批改、学生测验、课后辅导等内容，学生评价包括课前预习、课堂纪律、学习过程与效果、作业情况、测验成绩等内容，涵盖教与学的各个方面。学校严格按照评价量表进行量化评价，促进了良好教学常规的形成。

最后，以课堂教学为核心构建校本课堂教学指标体系，制订常态化评价量表与阶段性评价量化表。常态化评价量化表以他评为主，同时结合教师自评，主要应用于听评课；阶段性评价量化表采用他评与自评相结合的方式，主要应用于阶段性教师发展评价。同时，将课堂教学指标体系与校本听评课制度、校级展示课等相结合，努力做到评价有标准、指标能落地，以评促教、以评促优。

（二）开发多模态智能课堂教学评价系统

学校使用多种模态方法对学生的学习过程或结果进行持续监测和追踪，从多种信息渠道收集学生的学习过程和结果数据，采用多模态的评价方式、多模态的评价手段和多模态的评价维度，开发多模态的智能课堂教学评价体系，多方法、多渠道、全方位地对课堂教学进行评估，助力精准教学与精准学习，使教与学更加智能化，从而优化教学模式、提高教学成效。

一方面，学校利用移动终端、摄像头等智能设备实时捕捉学生在学习过程中产生的多模态数据（动作、表情、语言、笔迹等课堂表现），对作业完成情况及学习结果进行实时监测，并对各项数据进行统整，分析在问题回答、主题讨论、小组辩论等各个教学环节中的表现，评价学生的知识掌握程度、问题解决问题、创新能力等各项能力，从学生的视角对学生的课堂表现进行动态评估、对学习过程进行全方位评价，从而帮助教师对学生精准指导。另一方面，整体分析全班学生的学习情况，帮助教师及时了解学生的学习进度与学习深度，及时抓住学习痛点，从而进行针对性的讲解与巩固练习。

同时，学校利用智能设计采集教师在课堂教学中的行为、教学过程中使用的资源、课后作业批改情况等，分析教师的课堂表现，从而帮助教师提高课堂教学技巧与教学质量。

二、健全促进学生全面发展的评价制度

（一）完善“高科才富成长营”智能评价系统

学校全面贯彻双新“双减”政策，依据新课标，完善“高科才富成长营”智能评价激励机制，持续探索“多维度、过程性、多样化”的等第制评价，健全“乐成长”评价指标，探索过程评价与成果评价相结合的评价模式，以评促学、以评促教，优化教学，助力学生全面而有个性地发展；有效运用大数据健全学生综合素养评价体系，促使“五小”成长目标体系和五育融合的评价体系贯通融合增强评价目标体系的科学性、统整性、可检测性，使学生数字画像更精准，助力学生全面发展。

"高科才富成长营"评价围绕"崇德明理、乐学善思、自主健康、尚美乐创、躬行实践"的育人目标，设定品德发展、学业发展、身心发展、审美素养、劳动与社会实践五大板块共计50余项评价内容。而其中"学业发展"板块与等第制评价紧密结合，教师、家长、学生、同学等多元评价主体根据不同的教育教学及生活场景，将过程性评价与成果性评价紧密结合，倡导以评促学、以评促教，注重提高学生自我评价、自我反思的能力，引导学生合理运用评价结果改进学习，完善教师有效运用评价结果改进教学的机制。在"劳动与社会实践"板块突出创新素养培育，注重激发创新精神、创新思维，提高实践能力。

学校完善"高科才富成长营"智能评价系统，探索过程评价与成果评价相结合的评价模式，以评促学、以评促教，优化教学，助力学生全面而有个性地发展。有效运用大数据健全学生综合素养评价体系，统汇学校自适应学习平台、智慧阅读空间、课程评价体系等多维学习数据，跨越知识学习与能力之间的鸿沟。

学校以德育为核心，从学生的品德发展、学业发展、身心发展、审美素养、劳动与社会实践五大板块进行全面评价，促使"五小"成长目标体系和五育融合的评价体系贯通融合，鼓励学生参加校内外艺术、体育、科技等活动、比赛，发展兴趣特长，丰富评价指标，促进全面评价。细化评价指标，关注学生每一项能力的发展与提升，凸显学生的成长过程，为学生终身发展指导提供佐证。

学校通过家校共育平台收集学生在家阅读书籍、家庭劳动教育等方面的数据，将智能评价系统与少年宫、课外实践机构等社会机构的相关系统对接，实现社会活动过程及社会评价的自动采集，实现学校、家庭、社会（含社区）等多场景学生成长数据的智能采集，落实多元评价主体，推进学生自评、同学互评、家长励评、教师总评，倡导社会相关人员评价，确保评价的全面性、客观性，增强评价目标体系的科学性、统整性、可检测性，使学生数字画像更精准，助力学生全面发展。

学校将"高科才富成长营"、学校"学分银行"及自适应学习平台建设相关联。将学生的阶段性评价结果转化为学习积分，让学生享受学分银行里的各项智能服务，在此基础上建立"高科才富成长营"智能评价激励机制；丰富学分银行系统，将学生在自适应学习平台、智慧阅读空间等平台的学习过程转化为学分，并纳入评价系统。同时，汇聚智慧阅读空间、课程资源平台、课程评价系统等平台的大数据，使之成为"高科才富成长营"中相关评价版块的评价数据，而"高科才富成长营"中的评价结果也将反向指导学生，向学生推荐相关的学习内容。

（二）健全以学科素养为核心的学业等第制评价系统

强化素养导向，持续探索"多维度、过程性、多样化"的等第制评价，重视对学生学科精神、价值观、必备品格和关键能力的考查。

将学科课程评价体系与学业等第制评价相结合，关注学生学习的全过程并进行观察、记录与分析，强调基于数据的过程性评价。捕捉学生有价值的表现，"因时因事因人选择评价方式和手段，增强评价的适宜性、有效性，注重动手操作、作品展示、口头报告等多种方式的综合运用，关注典型行为表现，推进表现性评价。"①

推进考试评价与新技术的深度融合，将学业个性化评价系统的数据、考试评价、测验评价等纳入等第制评价范围，强化作业评价、考试评价、测验评价与课程标准、课堂教学的一致性，促进"教-学-评"有机衔接，改进结果性评价，提升考试评价质量。

（三）开展激励学生个性发展的校园评选活动

开展"融创儿童""融创班级"与"融创社团"评选活动，将创新素养、创新思维作为评选的重要依据。在"融创儿童"评选时结合"高科才富成长营"的评价结果，突出学生在科技创新、文化创新等创新创意领域的发展。"融创班级""融创团队"评选时，也将全班或团队全体学生的评价结果作为重要依据，同时结合全班或团体集体在科技创新、文化创新等创新创意领域的成果。

---

① 教育部. 义务教育课程方案(2022 年版)[M]. 北京：北京师范大学出版社，2022.

三、建立促进课程持续发展的评价体系

课程评价体系以全校课程体系的不断完善、课程内容的不断丰富、课程质量的不断提高为直接目标，充分激发教师不断开发课程、提高课程质量、开发课程资源的积极性，促进融创特质的课程发展与学校特色课程、品牌课程的建设与开发。评价内容包括课程开发、课程实施、课程评价和课程优化四个方面，其中课程开发与课程优化主要面向“创趣园”综合实践活动与“万花筒$^{+}$”校本课程。坚持评价主体多元化，邀请教师、学生、家长及评价小组进行评价，并根据评价结果，将特别优秀的课程纳入特色课程、品牌课程的建设计划。

建立智能化的课程评价系统，鼓励学生、教师、家长、课程研发中心等积极参与，汇总学校课程评价大数据，促进全校课程体系的不断完善、课程内容的不断丰富、课程质量的不断提高，从而促进具有融创特质的课程发展与学校特色课程、品牌课程的建设与开发。

第五章

志美而厉，融美乐创的教师发展

志，即向慕，有志于。厉，指钻厉、钻研。志美而厉，即坚持师德为先、质量为重，育人先育己、立德先立人、学以美其身，不断磨砺专业能力、提高业务水平，勇担为党育人、为国育才使命，增强“四个意识”，坚定“四个自信”，做到“两个维护”，坚持“四个相统一”，争做新时代“四有好教师”，当好“四个引路人”。

教师是学校改革发展最宝贵的人力资源。在办学实践中，我尊重、信任、团结、赏识每一位教师，做好教师专业发展的第一责任人；坚持开展师德师风教育，关爱教师身心健康；不断健全学校教师专业发展制度，创新教师培育体系，制订“远航计划”助推梯队式成长；推行校本教研，完善教研训一体化机制，探索开放、协同、联动的校本教师培育体系的构建方式；构建校本教师评价体系，努力建设一支“仁爱崇德有温度、合作乐研有高度、学识扎实有深度”具有融创特质的高素养专业化创新型的教师队伍。

第一节　融美乐创之师德师风

一、以德施教，立德树人

“国无德不兴，人无德不立。”习近平总书记一贯重视品德培育，不论是为人还是从政，都需要良好的品德。在论及教育事业时，更是将立德树人作为人才培养的中心环节。党的十八大以来，党中央提出落实立德树人根本任务，要全员、全方位、全过程育人，以德立身、以德立学、以德施教，将立德树人落到实处。

好老师应该懂得，选择当老师就选择了责任，就要尽到教书育人、立德树人的责任，并把这种责任体现到平凡、普通、细微的教学管理之中。

——2014 年 9 月 9 日，习近平同北京师范大学师生代表座谈时的讲话

要全面贯彻党的教育方针，落实立德树人根本任务，发展素质教育，推进教育公平，培养德智体美全面发展的社会主义建设者和接班人。

——2017 年 10 月 18 日，习近平在中国共产党第十九次全国代表大会上的报告

人无德不立，育人的根本在于立德。这是人才培养的辩证法。办学就要尊重这个规律，否则就办不好学。

——2018 年 5 月 2 日，习近平在北京大学师生座谈会上的讲话

要深化教育体制改革，健全立德树人落实机制……要在加强品德修养上下功夫，教育引导学生培育和践行社会主义核心价值观，踏踏实实修好品德，成为有大爱大德大情怀的人。

——2018 年 9 月 10 日，习近平在全国教育大会上的讲话

(一) 立德树人——检验学校一切工作的根本标准

何为“根本”任务？根本就是最本质、最重要、最不可或缺的。《大学》有言：“大学之道，在明明德，在亲民，在止于至善。”①学校是教书育人的所在，但在很长一段时期内，学校教育对“育人”并没有足够重视，而是特别重视“教书”，也就是知识学习、技能掌握与升学就业。如今，国家强调“把立德树人的成效作为检验学校一切工作的根本标准”，是一次强有力的扭转，是对

① 陈晓芬，徐儒宗，译注. 论语・大学・中庸[M]. 北京：中华书局，2011.

“教书育人”中“育人”的充分重视，是一次正本清源。

立德树人是新时代对教育的必然要求。“仓廪实而知礼节，衣食足而知荣辱。”“君子富，好行其德。”自改革开放以来，中国人埋头苦干终于富起来了，正在努力“强起来”。这种“强”不仅仅体现在经济、科技和军事上，更要体现在人民内在精神上，只有全方位的强大才是整个国家真正的强大。习近平总书记说，没有理想信念，理想信念不坚定，精神上就会“缺钙”，就会得“软骨病”[①]。

（二）立德树人——追求幸福美好生活的根本动力

《中庸》说：“大德必得其位，必得其禄，必得其名，必得其寿。”[②]幸福是人的内心感受，物质的满足固然是幸福的实现途径，但强大的内心、高尚的品德更是获得幸福的根本方法。所以，立德树人不能只停留在表面上，而是应该落到实处，使“德”成为学生追求幸福美好生活的根本动力，成为每个人的内在愿望。这样，才能使每一个人自觉地修养品德，追求美好，收获幸福，才能使立德树人落在实处。

外因是条件，内因是关键。《孟子》言：“行有不得，反求诸已。”[③]从自身做起，不求人、不责人，时时反躬自省，才能求仁而得仁，才能真正实现“全员、全方位、全过程”立德树人。

（三）立德树人——净化内心、志向高远的无穷力量

志向表达了一个人终生的追求与理想，一个志向高远的人通常是心灵纯净、品德高尚、努力奋斗的人。这种奋斗不仅表现在事业上，也表现在不断地提高自我修养上。习近平总书记反复强调立志和理想信念的重要性，强调要“内心净化、志向高远便力量无穷”[④]。因此，我们应该引导学生与教

---

① 华明. 求是网评：坚定共产主义信仰，毫不输理[EB/OL].（2015 - 11 - 07）[2023 - 05 - 10]. https://weibo.com/p/1001603906670416799708.

② 陈晓芬，徐儒宗，译注. 论语·大学·中庸[M]. 北京：中华书局，2011.

③ 万丽华，蓝旭，译注. 孟子[M]. 北京：中华书局，2012.

④ 李朝波. 领导干部要有好心态[EB/OL].（2022 - 05 - 09）[2022 - 10 - 25]. http://www.sx-dj.gov.cn/a/jwsp/20220509/67308.shtml.

师立志，立高志、立远志，不断推进德育工作。

立德树人应追求“立大德、树大人”。习近平总书记教导我们要“明大德、守公德、严私德”[①]。把梦想融入中国梦之中，把人生理想融入中华民族伟大复兴之中，与全国人民一起，同心同德、奋勇前进，成为国家与民族的栋梁之材，成就伟大事业。

二、立何德，树何人

“立德树人”包含两层意思，一是立德，一是树人。

立德，即树立德业。树人，即培养人才。立德是树人的前提和基础，树人是立德的目标与追求。

立德树人要“立什么德”？立德包含两个层面：一个是学德，坚定理想信念、厚植爱国主义情怀、加强品德修养，“培育和践行社会主义核心价值观，不断提高学生思想水平、政治觉悟、道德品质、文化素养，让学生成为德才兼备、全面发展的人才”[②]。一个是师德，师爱为魂、身正为范，“教师立德树人，为人师表，不断提升人格修养和学识修养”[③]，以己身之美德为学生行为之示范，以师德影响学生道德的形成，培养学生良好品行。

立德树人要“树什么人”？《中小学德育工作指南实施手册》指出：“立德树人，强调立社会主义之德，树社会主义事业的建设者和接班人。这是青少年健康成长和全面发展的关键，也是我国社会主义现代化建设事业顺利发展并取得成功的关键。”[④]《义务教育课程方案（2022 年版）》也指出：“义务教育要在坚定理想信念、厚植爱国主义情怀、加强品德修养、增长知识见识、培养奋斗精神、增强综合素质上下功夫，使学生有理想、有本领、有担当，培养

---

① 2018 年 3 月 10 日，中共中央总书记、国家主席、中央军委主席习近平在参加十三届全国人民代表大会第一次会议重庆代表团审议时指出：“领导干部要讲政德，政德是整个社会道德建设的风向标。立政德，就要明大德、守公德、严私德”。

② 教育部基础教育司. 中小学德育工作指南实施手册[M]. 北京：教育科学出版社，2017.

③ 教育部关于建立健全中小学师德建设长效机制的意见[EB/OL].（2013－09－02）[2022－10－20]. http://www.moe.gov.cn/srcsite/A10/s7002/201309/t20130902_156978.html.

④ 教育部基础教育司. 中小学德育工作指南实施手册[M]. 北京：教育科学出版社，2017.

德智体美劳全面发展的社会主义建设者和接班人。”[①]因此，学校坚持素养导向，培育尚德明理、乐学善思、自主健康、尚美乐创、实践服务的学生，培养心中有爱、眼中有光、行动有力量的未来创造者。

三、立师德，树师风

“教为人师，立德树人”是教师的镜子。“师者，人之模范也！”知行合一才不愧为人师，生之范本。因此，教书育人、立德树人是身为一名教师的初心。我们在矢志不渝为之实践的过程中要清楚地认识到：立师德是一切的前提和基础。

（一）师生交往中的师德风范

1. “假如我是孩子”

读懂孩子。时代在变，每个时代的孩子也在发生变化。小时候的我们和现在的孩子相比，现在的孩子有天真烂漫的特性，但同时又展现出信息量大，知识面广的一面，他们在家里普遍受到高度重视，自我意识强，这使教师权威、家长权威面临前所未有的挑战。他们跟我们小时候有太大差别，绝对不是老师靠训斥、责骂就能得到他们的尊重与认同的。为此需要老师蹲下身倾听孩子，用心沟通读懂孩子。

理解孩子。每个孩子都是鲜活的生命个体，就如每个人的五个手指伸出来不可能一样长短一样，要求所有孩子一样优秀并不现实。北京十一学校联盟总校校长李希贵认为学校是孩子走上社会之前的社会。学校应接受孩子在学校里的一切表现，不论是做了好事，还是做错了事，对孩子而言都是一种生活体验，是成长的必经阶段，不分好坏，皆有价值。我们一般都不记得小时候哪个老师教了我哪道数学题，但往往会记得哪个老师曾经在我无助的时候鼓励过我，在受到委屈时理解过我。我们在这个过程中教会孩子如何去理解，去体谅，去感恩，因为这是让他切切实实感受到了被理解、被

① 教育部. 义务教育课程方案（2022年版）[M]. 北京：北京师范大学出版社，2022.

尊重、被信任、被包容是何等温暖和幸福的感觉。这就是育人，情感教育往往容易忽视，却是孩子精神“补钙”所必需的。

成就孩子。每一个孩子看上去都很平凡，而教育就是于平凡处发现不平凡，帮助他们找到“可以伟大”的地方，引导并督促他们行动起来。学校是走向社会之前的成长体验，是孩子走进世界之前的模拟演习，而教育就是在成长的体验中帮助孩子认识世界、学会选择，在模拟演习中帮助孩子认识自我、明确目标，让他们接纳自己，相信自己的独一无二，并且相信这独一无二是世界赋予自己的独特能量，从而明确自己的人生目标，制订职业规划，并努力前行。现在的教育现状往往是用过去的知识教现在的孩子过未来的生活。孩子真正喜爱的是有意义又有意思的学习。

2. “假如是我的孩子”

有一位医学院的院长在谈到医德时说：面对医生，病人会毫不犹豫地吞下苦药、摘除某个器官，将整个生命与活的希望都交付于医生！其实，在精神上，家长也把孩子的生命与未来的希望都交付给了老师。教师是人类灵魂的工程师，对学生的影响将贯穿一生。我攻读硕士学位时，一位导师讲述了他挚友的亲身经历，让我感触颇深：他小时候字写得不怎么好，有一次语文老师让他到黑板上写一个字，因为没有写正确而被老师甩了一个响亮的耳光，并大声呵斥道：“你连这么简单的字都不会写，蠢货一个，以后就等着喝西北风去吧。”这件事始终埋藏在他心里，从此立志要做个老师，做个好老师，做个能理解、包容并帮助到困难学生的好老师，因为他从自身的成长经历中深刻体会到作为困难学生的那种不被尊重、得不到理解和宽容的痛楚。所以他从华东师范大学研究生毕业后放弃了在大学任教，而是致力于专门为困难学生提供学业辅导，虽然辛苦，但他认为至少可以让一部分学习困难学生感受到被尊重被理解的温暖。所以作为老师，需要在教育孩子过程中多思考：如果是我的孩子，我会希望老师如何更多地去关注他的情绪变化？由此或可避免简单粗暴的解决方法，与孩子之间增进情感的互动。

（二）家校合作中师德风范

1. 尊重信任是船

没有一个家长不想跟老师亲近沟通处好关系的，如果家长对于某件事情耿耿于怀甚至斤斤计较，那很可能真正原因并非表面上的这件事，可能因为孩子得不到重视和关注，孩子不止一次被罚站、罚抄，家长心里积压很久的不满情绪正等着某个可以理论的契机。

如今的家长大多是80后甚至是90后，很多也是高学历的独生子女，有思想有主见，需要被尊重、被关注、被认可。所以我们老师在与家长沟通的过程中说话的语气、微信沟通的方式都要让家长感受到教师的真诚、友善。不能因为孩子犯错而随意对家长甩脸色，当面指责，故意不回信息。因为现在的家长普遍都很在意老师对孩子、对自己的态度，老师的一个和善的神情、一句鼓励的话都会让他们整个家庭充满欢乐的气氛。所以希望老师们记得：你对于学生和家长来说是能够左右他们心情的很重要的人。这也是作为教师特有的幸福。

2. 理解包容是帆

分析一下家长的诉求和希望，无非对孩子说话耐心平和些，对孩子犯错更包容理解一些，孩子生病不适时更体贴关心些，孩子进步时更多鼓励肯定，有锻炼机会更多给予指导。

3. 沟通合作是桨

教师与家长之间其实就是一句话，那就是：没关系有关系，有关系没关系。平时的耐心真诚沟通，真诚的理解鼓励都会让家长倍感温暖。平时关系融洽，即使有些问题也不是问题，相反，如果本身彼此不够信任理解，一遇到事情就会成为重大事件的导火索，这时候家长往往选择怎么负面影响力大就怎么做，如今自媒体时代又恰好成为类似事件很好的催化剂。对此，与家长建立尊重、信任、理解、包容的合作关系是关键。

（三）教师交往中的师德风范

1. 平等、包容、和谐的工作环境就是最大的福利

对教师而言，一个真正平等、包容、和谐的工作环境就是最大的福利。精神的引领，情感的滋养似空气般无形无色无味，但又是实实在在存在并无时无刻不影响着人的情绪和心态，并最终对人的行为和身心健康产生重大影响。

环境对人的影响力是不可估量的。从硬件环境来讲，整洁、美观、舒适的环境让人心情愉悦或是宁静平和，餐馆的环境对于一个人的用餐心情会有影响，同样学校的环境创设也会潜移默化地影响着每一位师生、家长。而走进校园内每一位师生的礼仪、表情也是一种很重要的环境条件，影响着彼此。

学校是一个崇尚真善美的地方，如果整个学校绝大部分人都是充满正能量、积极向上、尊重信任、理解包容的，那久而久之彼此之间也都能给予一种精神养分滋润彼此，并能大大提升幸福感。学校不仅是师生成长的地方，更是师生共同幸福生活的地方。

2. 每天都在共同用行动书写着学校的历史

一个组织中应该听到每个人的声音，即使有问题也应该是大家共同面对，而不是去指责是谁的责任，管理不是自上而下的掌控，而是平等信任基础上的合作共赢。教师对管理者的尊重体现在对于决策的执行，有异议时开展理解性沟通并提出切实可行的操作建议。管理者对教师的尊重体现为换位思考前提下的决策，有偏差时包容性地指导与帮助。包容不等于纵容，包容是有底线，有原则，有情义的一种期待。全体教师应共同用行动去创设平等、合作、共赢的工作环境，用行动去书写学校精彩的历史，用行动去彰显师德之魅力，用行动去践行立德树人的美妙篇章。

第二节　融美乐创之师能提升

学校以每一位教师的发展为目标，以“理念先行、分段规划、制度保障、激励导向”为原则，采用完善研修平台、注重团队合作、增强校际交流等多种形式，开展多层次、高品质的校本研修，重视学习型、研究型、创新型教师培养，着力打造“仁爱崇德有温度、合作乐研有高度、学识扎实有深度”的具有融创特质的高素质、专业化、创新型的教师队伍。

一、实施远航计划，构建师资梯队

（一）基于需求，指导规划“铺路子”，引导教师稳步成长

1. 理念先行，分段规划，激发教师成长的内驱力

学校重视教师队伍建设，进行精准规划，整体上把握建设方向。学校历来重视教师队伍整体规划，以“理念先行”“分段规划”“制度保障”“团队发展”“校际交流”等多种形式，对提高教师队伍整体专业水平，作出了整体设计与制度安排。通过专业发展需求调研，学校收集不同教师专业发展中存在的问题、困惑、需求，以此为依据，确定研修主题及内容，提供菜单式、个性化的专业发展指导服务。同时，启动“幸福30实事工程”，重视教师个体需求的倾听和指导。学校还开展了“教师职业规划与专业成长”系列专题培训、“教师个人五年发展规划”的精准化指导活动，分层级、分年度、分校区，为学校每位教师的专业发展做好诊断与改进。

2. 明确目标，梯队建设，健全干部队伍培养机制

学校开展干部培养的“四个一”行动，即一副担子、一把尺子、一部扶梯、一个平台，探索“125”管理机制，即一个学校、两个校区、五人中心，建立多形式的中层干部述职述制度，在此基础上，深化实施干部“登高计划”，依托各工作室平台创新项目建设，创新课程研发，创新教师培育，激励年轻干部实现管理和专业同步发展；实行青年骨干挂岗计划，开展以“发现人、培养人、用好人”为目标的培养活动，优化梯队建设，营造公开、公正、公平的挖掘、锻炼、培养干部的氛围，使学校干部队伍不断发展。

（二）基于发展，扎实研修“压担子”，提升合作研究能力

1. 完善教研训机制，激发教师专业发展潜能

作为市、区两级教师专业发展学校暨见习教师规范化培训基地，学校从“时时可学、处处可学”的需要出发，为研修活动提供条件。学校既有能满足全体需要的全员培训，也有满足不同群体需要的分层培训，更有满足教师个体需求的专享培训，实现多渠道“系列成长平台”与校本培训有机整合。学

校在原有培训模式的基础上改革创新，逐步形成了六大研修模式和多元的互动平台，激发了教师专业发展的无限潜能。

2. 提供丰富学习资源，提升教师自主学习能力

“高科论坛”选择本校教师适合的、感兴趣的、有利于激发教育智慧的选题，由专家作理论讲座，挖掘学校自身资源形成原创话题，由本校教师作理论研讨、微型讲座，内容涉及教育教学、团队建设与管理、人文素养等方面。组织“名师、名校、名胜”寻访，在寻访中丰富教师的专业视野。每次寻访回校后，我们通过制作“美篇”交流心得、发布“新闻”展现文化，把教师活动转变为教师学习资源。

3. 依托课题引领，增强教师合作研究能力

学校以课题为引领，营造创新进取的教师专业发展氛围，完善教师教研训一体化机制，通过组建教师研修工作坊、开展科研项目专题报告会与课题研究答辩会等措施向教师队伍压担子，促进教师尤其是青年教师、骨干教师快速成长为业务过硬的专家型教师。

4. 创新骨干带教方式，形成系列校本研修课程

由区级以上骨干教师两两结对，研发实施主题化、系列化的“高科新秀培养计划”研修课程，研修主题有“学科项目化学习的设计与实施策略”“班主任的工作艺术”等20余个，有导师微课、学员互动、案例分析、专家点评、拓展作业、优秀学员推荐等形式，凸显研修的针对性、实践性、实效性。目前，学校拥有市级课题4项，区级课题12项，全国、市、区级的改革项目10余个，每个教研组都参与一个课题项目研究。

5. 建优化干部述职制度，体现管理专业同步发展

学校建立了多形式的中层干部述职述廉制度，用高要求、严标准引导行政管理干部自我对标，挖掘长处，找准差距，检验中层干部成长实效；实施了项目负责制，鼓励干部积极承担学校各科研项目、课题研究的行政职务或重要岗位，促进了干部队伍的专业发展；开展了学术周活动，包括主题报告、课程展示、学术研讨、课程研发等，以干部团队体现专业引领，推进融创文化在学校教师队伍建设与教育教学工作中的全面落地。

（三）基于发展，远航计划“建梯子”，促进梯队协同发展

学校创造性地实施“高科教师远航计划”，将每一位教师的职业生涯分为启航、护航、引航、导航四个阶段，从而将教师队伍分为四个梯队，分别制定三正、三特、三研、三创的发展目标，明确不同阶段的发展定位，借助“发现问题—找到对策—解决问题—反思经验—再次发现问题”的螺旋式问题解决模式，实施团队合作式的梯队化成长机制，加强团队合作，实现全员发展。

启航团队（见习期教师）提出了“三正”发展目标，即“尚德崇教思想正，求真务实态度正，乐学善思教法正”。实施“1＋1”导师制，并在“规范＋个性”基础上，尝试“规范＋个性＋创新”的研训模式，组织见习期老师们参加项目组学习培训、参与项目设计，促进见习期教师快速成长。

护航团队（职初期教师）提出了“三特”发展目标，即“挖掘潜能特长，尝试培育特色，展现新秀特点”。实施“五个一”工程，即每学期设计一篇出色的教案、制作一个高质量的课件、上一堂精心准备的校内汇报课、撰写一篇有质量的案例（论文）、结对一名学困生。为发展势头良好的青年教师聘请区学科教研员带教，邀请名师专家开展核心素养下教学设计的讲座，开展青年教师工作坊活动（即“高科新秀培养计划”研修课程），组织青年教师参与课题项目组培训等，并积极搭建平台，组织教师参与基本功大赛、新苗杯竞赛和区级、校级的新秀评比等。

引航团队（成熟期教师）提出了“三研”发展目标，即“学科教学研究，创新学法研究，团队合作研究”。实施“三个一”工程，即每学期完成一个及以上优秀的单元学习设计、承担一次高质量的校级以上公开课、撰写一篇有价值的论文或主持一项课题。鼓励教师参加教研员带教活动，邀请专家开展中青年教师科研班活动、中青年教师区级个人课题申报活动、优秀教师教学竞赛指导活动等，并积极搭建平台，推荐教师参加校内外各种工作坊、工作室学习和各类评比活动。

领航团队（成名期教师）提出了“三创”发展目标，即“创新项目建设，创新课程研发，创新教师培育”，创立了四大创新工作室，即“中草药”创新工作室、“创智云”创新工作室、“慧育苑”班主任工作室及“心灵桥”心理工作室。

领航团队教师独立开发或参与开发市区级各类培训课程12门，持续开发学校的中草药创新课程、人工智能编程课程、“创趣园”综合实践活动、“高科新秀培养计划”研修课程等，积极推动各项区级以上课题项目的合作研究工作，正逐渐成长为专家型教师。学校邀请资深专家开展高端教师研修班活动，借校外专家的力量推动这支高品质队伍的再成长。

近年来，学校10余名教师被授予上海市“为人、为师、为学”十佳师德典型、上海市金爱心教师、上海市“师爱在家庭中闪光”家庭教育优秀指导者、上海市优秀班主任、上海市园丁奖、浦东新区园丁奖、新区“百优班主任”、新区巾帼建功标兵等荣誉称号，10余名教师在上海市教师基本功比赛、上海市小学科学长周期探究优秀项目展示活动、上海市中青年教学竞赛等各项大赛中获一、二等奖，另有多位教师成为上海市教委教研室专家成员，成为浦东小学学段基础教育教材建设推荐人员，参与小学自然新教材编写工作等。这既是对学校教师的肯定，又激励着教师们不断前行、勇攀高峰。

（四）统整资源，融合共享“搭台子”，营造深度对话氛围

学校积极参与市区级及学区、集团内的项目研讨，不断交流、推广发展经验，承办各种展示活动，在活动中与兄弟学校共同对话、共同成长。学校2020年度承担了浦东新区第十一届教学展示周“拓展型和探究型课程”“道德与法治学科”“美术学科”三个专场的展示活动和“学区化、集团化办学”张江学区专场；2021年度承担了小学美术学科项目化学习成果展；从2016年起，连续5年4次承接上海市对口支援项目西藏日喀则市“教育管理干部及骨干教师”和“影子校长”培训项目，共计16人次；从2016年起，连续6年参与区内柔性流动支教活动，与多所兄弟学校携手并进共谋发展。学校教研组始终坚持主题化、课程化、系列化教研活动，在新区层面进行了多次教研活动经验交流。

学校还重视校际交流，先后接待国内外教育专家、骨干教师来校考察交流，与国内一些学校结对共建，选拔优秀教师前往芬兰、英国、澳大利亚等地学习和交流，开阔眼界促成长。教师团队或个人参与主持的全国及市区级各类交流、培训活动60余次。

二、创新研修模式,促进专业成长

学校重视教师研修实效,努力创新研修模式,采用教师自主学习式、教学实践式、骨干示范式、校际合作式、专题培训式及课程研究式等六大模式,开展各类教师研修活动,切实提高教师专业水平。

(1) 自主学习式。学校重视学习型校园的建设,积极推进教师主动学习,提高专业素养。学校结合教师远航计划,针对教师成长过程中普遍存在的问题,鼓励教师积极录制培训视频,留存每次研修活动相关资源,形成校本师训资源库,方便教师自主安排学习时间与学习内容;鼓励教师主动学习新理念、新方法、新技术,并应用到教学实践中,通过个人反思、同伴互助、专家引领等多种途径提高专业水平。

(2) 教学实践式。学校重视教师立足于教学实践,不断提高教研水平,因此以各种校级展示课为契机开展教学实践式的研修活动,围绕教学过程中遇到的问题,积极探索解决办法,提高教学研究水平。

(3) 骨干示范式。除了高端教师工作坊、工作室,引领新区、集团教师专业发展之外,学校还有德育名师、双名工程成员、区中心组成员等,他们引领道法学科、跨领域学科、班主任团队等学科的协调发展,引领着众多教师的成长,提升了学校教师队伍建设。

(4) 校际合作式。学校在教师队伍建设中,重视“引进来、走出去”,重视校际交流,强调在对话中促成长,承办各种展示活动,通过学区之间、市区及其他地区学校之间的沟通交流,在活动中共同对话、共同成长。

(5) 专题培训式。专题培训式研修活动主要针对教师队伍中某一时期存在的普遍问题对全体教师进行统一培训。如学校定期开展“教师职业规划与专业成长”系列专题培训,分层级、分年度、分校区,促进全体教师的专业发展。

(6) 课程研究式。学校教研组一直坚持主题化、课程化教研活动,先后在区层面进行了教研活动经验交流,如体育教研组“精准辅导提质增效”、语文教研组“听、仿、思、创、悟——走在学习名师的路上”、数学教研组“不一样的课堂期待一样的精彩”等。

三、丰富研训内容，提高综合素养

学校以“未来教师”的理念为引领，尝试构建未来教师的培训课程体系，建设培养未来学生的未来教师队伍。

完善校本研修制度。修订和完善《教师校本培训制度》，全面执行、有效监管，保障开发和建设教师培训课程的顺利开展，确保校本研修有效、高效。

丰富教师培训课程内容，构建完善的课程体系。依据教师成长的全过程构建培训体系。根据“高科教师远航计划”中的启航、护航、引航、导航四个阶段的发展特征，设计体系性的培训内容，促进教师不断成长、不断发展。从教师的师德师风、学科知识、教育理念、课堂教学等各方面开发校本培训课程，关注教师成长的方方面面。开展教师个性化的需求分析，关注每一位教师的成长需求，聚焦核心问题，设计培训课程专题，开发课程内容，提高培训课程的针对性、实效性。

聚焦教学改革，关注社会发展及教育信息化发展，加强教师信息化培训，发展教师信息素养，提高教师利用互联网进行自主学习、自主发展、自主成长的能力，及利用人工智能、大数据、物联网等新技术进行课堂教学改革的能力，全面发展以信息技术应用能力为核心要素的综合素养。增设人机关系主题课程，协调“人师”与“机师”的关系，提高教师挖掘人机对话中育人价值的能力。未来，学校也将引进人工智能教育的相关课程，尤其是道德、伦理教育，提高人工智能作为“机师”的专业能力①。

邀请专家指导，使学校教师校本培训课程的专题化、系列化，提高课程的科学性与实用性。在课程体系创建的过程中，发掘校内自培课程优秀培训师和开发者，予以挂职锻炼、评价激励等形式，提高教师建设校本研修课程的积极性。

① 李政涛在“ChatGPT 与未来教育”沙龙上的主题发言中讲道：“未来，ChatGPT 有可能成为人类教育的对象……未来人类通过编程等方式，对 ChatGPT 为代表的人工智能进行有目的、有计划地引导和改变……首要是对其进行道德教育、伦理教育，让机器不仅成为人类文明的推进者，也成为人类文明的守护者。”见李政涛. 直面 ChatGPT，教师如何绝处逢生？[EB/OL](2023-03-20)[2022-10-20]. https://www.sohu.com/a/656648891_121124338.

四、坚持课题引领，打造科研队伍

（一）学校龙头课题引领教师发展

学校以龙头课题为引领，坚持以问题为导向，聚焦教学改革与课程改革，引进专家资源，开展基于实际问题的研修活动，以科研带动教师队伍发展，鼓励教师形成一系列科研成果，构建教育科研成果库，建设一支博学善导、求精创新的专家型、研究型教师队伍建设，保障教师专业发展。在此基础上，发展学校办学理念，构建全校课程体系，深化教学改革，营造特色文化，探索教育教学规律，提高教育教学质量，促进学生人人发展。

（二）校本科研制度保障教育科研的顺利展开

学校正在探索校本科研制度以保障教育科研的顺利展开。目前学校已经成立由科研室、教研组、各学科教师组成的三级科研网络，其中科研室负责统筹规划学校的科研活动，包括从选题、论证、申报、立项，到开题、中期、后期检查指导，再到成果申报、鉴定、发表、推广等整个过程的管理工作。此外，科研室还负责教帅科研能力培训等工作。而且，学校实施了项目负责制，鼓励干部积极承担学校各科研项目、课题研究，促进干部队伍的专业发展。

学校出台了《张江高科实验小学教育科研考核奖励制度》，形成了完善的科研奖励机制。学校每年投入教师专项科研经费用于开展科研合作课题，资助教师学历学习、科研培训、教育考察，奖励发表或获奖的科研论文，近年来不断加大对积极参加教育科研、推进特色教育和建设优势学科等攻坚项目的教师的奖励幅度。

此外，学校还汇集了《张江高科实验小学外出教研记录及反思》，鼓励教师分享校外教研活动的心得，丰富教师科研经验；初步编定了校本科研制度文本，并在重点项目中试行，有待进一步完善。

（三）教研训一体化促进教育科研开展

学校的教学工作、教育科研与教师培训不是割断的，而是统一的。学校统筹兼顾，一手抓教学、一手抓科研，以课题为引领，营造创新进取的教师专业发展氛围，完善教师教研训一体化机制，通过组建教师研修工作坊、开展科研项目专题报告会与课题研究答辩会等措施向教师队伍压担子，促进教师尤其是青年教师、骨干教师快速成长为业务过硬的科研型教师、专家型教师。

学校鼓励教师申报课题研究，结合课题研究进行教师培训。如学校领航期教师独立开发或参与开发市区级各类培训课程 12 门，持续开发学校的中草药创新课程、“高科新秀培养计划”研修课程等，积极推动 10 余项区级以上课题的合作研究工作，正逐渐成长为专家型教师。又如引航期教师申报的课题研究中，学校会安排教研员带教活动，邀请专家开展科研活动等，助推教师成长。

同时，学校还设计了专门的科研培训课程与活动对启航期与护航期的教师进行有针对性的培训，或由学校骨干教师、教研员担任讲师，或是邀请校外专家举办讲座，提高他们的教育理论水平与科研素养。学校鼓励他们参与课题研究，对部分能力较强的启航期与护航期教师安排相关挂职锻炼岗位，加快他们的成长。

（四）发挥教师特长形成个性化教育科研特色

教师是教育教学的主力军与实践者，每位教师都有自己的特长与优势，及个性化的发展需求。因此，在教育科研中，学校不强制每位教师的科研发展方向，而是鼓励教师充分发挥个人特长申报课题研究，自由组建科研队伍，在研究与实践中获得真实的体验，形成个性化的教育与科研特色。

五、坚持多元评价，促进优质发展

学校结合“教师远航计划”“高科五亮先锋行动”等教师发展机制，完善教师聘用、培养、考核等激励制度，以架构阶梯式激励体系为保障，以教师研修成长积分为主要评价方式，构建校本教师评价体系，保障教师专业发展。探索教师评价结果与绩效工资、教师培训等结合实施的途径，引导教师主动成长、积极发展。利用大数据探索创建校本教师评价体系，搭建教师成长平台，掌握教师成长轨迹，绘制教师成长画像，以激励教师专业成长、提高教师综合素养。

（一）师德为先，建立校本教师评价指标体系

学校强调评价内容多元化，坚持师德为先、能力为重，将师德师风、专业能力、科研能力与综合素养作为教师评价的重要内容，将师德作为教师评价的第一要素。课程实施特别注重教师的专业能力，强调真实客观、公平、公正公开，充分激发教师教书育人的积极性、创造性，促进教师成长，从而最终促进学生发展。

师德师风是评价第一标准。师德水平是教师专业发展的灵魂，包括依法执教、爱岗敬业等几个方面，旨在引导教师克服重科研轻教学、重教书轻育人等现象，强化教师思想政治素质考察，推动师德师风建设常态化、长效化。

此外，突出教育教学实绩，重点考察教师的专业能力。专业能力包括课堂教学、课程开发等几个方面，学校把认真履行教育教学职责作为评价教师的基本要求，旨在引导教师上好每一节课、关爱每一个学生，全面提高学校教师质量，建设一支高素质、专业化的教师队伍。

学校鼓励教师参与学校项目，将科研能力作为专业成长的重要指标。学校鼓励教师积极申报市、区、校各级项目研究与课题研究，通过教科研促进教师专业成长，培养专家型、科研型教师人才。

（二）多元动态，关注教师成长过程

校本教师评价的宗旨是让每一位教师都获得成长，让教师更优秀、更卓越。因此，学校结合“教师远航计划”开展动态评价，避免“一刀切”，不用“一把尺子”的标准评价全体教师，具体做法体现在以下几个方面：

一是通过调研、访谈等关注每一位教师的发展愿景，推动教师多方位的专业发展，重点关注教师的个性发展、长期发展。

二是把握启航期、护航期、引航期、导航期四个阶段的教师发展共性，在兼顾个体差异的同时也关注团队建设，在实施评价时各有侧重。

三是在评价方式上，采用他评与自评相结合的方式。尤其重视反映教师内在需求发展的自评，鼓励教师主动参与，积极进行自我反思，促进自我发展。开展教师互评，加强沟通与融合，引导同伴互助，促进共同发展。推进领导考核评价，由学校领导、中层干部及教师代表共同评价，帮助教师立足现在、面向未来，提高评价的针对性和指导性。同时结合学生评价、家长评价，全方位了解教师工作成效及影响，关注教师工作细节。

四是在评价重心上，注重形成性评价与终结性评价相结合。关注教师专业发展的全过程，关注教师发展中遇到的各种问题，积极引导良好的发展效果。

五是将校本教师评价与学校管理、干部培训机制、党员发展机制、挂职锻炼等相结合，突出干部与党员的特殊性评价内容与评价途径。

（三）技术赋能，构建智能化的教师评价系统

结合“教师远航计划”“高科五亮先锋行动”等教师发展机制，完善教师聘用、培养、考核等激励制度，以架构阶梯式激励体系为保障，汇聚校本研修平台、课程体系系统、教师成长档案等数据，以教师研修成长积分为主要评价方式，构建校本教师评价体系，构建集评价管理、听课评价、学生评教、教师评学、问卷调查等为一体的教师评价系统，保障教师专业发展，为提高教学质量、优化教育决策、指导教育工作提供科学依据和数据支撑。

在课堂教学评价系统中开发“听评课系统”，通过“校内听评课”功能促进校本听评课活动线上化，实现听课预约、听课评价、评价审核、数据统计、分析决策支持等全过程协同管理，进一步提升教学评价工作业务信息共享和评价工作的综合服务能力，帮助学校完成从纸质化到信息化的跨越；通过“学生评教”“家长评教”功能，通过学生随堂评、家长选择性的反馈评价，及时与教师沟通，提出诉求与建议，为学生主动地、常态化地参与学校教学管

理和教学改革增加新渠道。

汇聚校本研修平台中教师的个人档案、研修活动，鼓励教师补充个人在校外其他平台的学习成长记录，如 MOOC 大学上的学习记录与课程证书，掌握教师成长轨迹，绘制教师成长画像，以激励教师专业成长、提高教师综合素养。

（四）有效运用，提高教师评价的有效性

有效运用评价结果，促进教师专业发展，帮助教师自我反思，增强专业发展的信心，提升发展的自觉性与主动性。学校重视教师评价结果，积极探索教师评价结果与绩效工资、教师培训等结合实施的途径，引导教师主动成长、积极发展。将评价结果作为教师进行奖惩、是否续聘、职务调整、专业培训等的依据，帮助教师进一步发展。对于评价结果特别优秀的教师，视发展需要列入学校骨干教师培养计划、年轻干部培养计划、高端教师增长计划等，从而促进教师成长，推进学校教师队伍建设。同时，在校内开展“融创教师”“融创教研组”等评选活动，授予荣誉称号，并结合教师评价结果，突出教师在课程创新、教学创新、专业创新、育人创新等领域的发展或成果。

第六章

尚美而治，融美乐创的治理运作

尚，指志向、愿望。尚美，即向往美。尚美而治，即崇尚科学、规范、高效的治理方式，知人善任，尊重客观规律，善于倾听各方意见，积极吸纳优秀人才，以完善的管理机制推进校园治理、推动学校发展，为全校师生及家长的发展创造必要条件、做好辅助工作。

党政融创，即以学校党组织为领导核心，履行把方向、管大局、作决策、抓班子、带队伍、保落实的领导职责，坚持依法治校、以德立校、民主管理，党政合力融汇优质资源，为学校创设现代化、开放性、高效能的治理体系，发挥“补钙、上锁、加码、护航”的独特价值，以具有融创特质的高质量党建引领教育高质量发展，为党育人，为国育才。

第一节　融美乐创之管理机制

一、党组织领导的校长负责制

（一）落实党建，确保党的领导地位

自建校以来，学校积极落实党建工作，坚持“以党的政治建设为统领，把党建摆在突出位置来抓，认真履行管党治党、办学治校主体责任，切实承担党风廉政建设主体责任，有效落实基层党建工作责任制和意识形态工作责

任制，模范发挥党委领导核心作用……加强和改进师生思想政治工作”[①]，推动党的建设与学校教育事业发展深度融合，并取得了较为显著的办学成效。

1. 党组织建设

目前，学校党支部书记兼任校长，其中香楠校区设有初心、红途、学思、云起等 4 个党小组，藿香校区设有渔阳里、敏学、源清、星梦等 4 个党小组，整体结构合理，政治过硬，业务水平高，在学校工作中起到了战斗堡垒的作用。

2. 党建制度建设

为顺利推进党建工作，学校不断健全各项规章制度，加强制度落实与效果监督，做到党建工作有章可循、有章必循，有制可依、有制必依，促进党建工作的规范化、制度化，同时落实党支部对学校工作的领导，充分发挥党组织的战斗堡垒作用，思想引领与监督保障作用。

学校确立了党支部领导、党政工团齐抓共管的思想政治工作体制，思政工作贯穿学校教育教学的全过程。创新性地进行党工团一体化建设，优化团、队组织制度和执行机制，提高党工团工作的实效性。

3. 思想建设

学校坚持以“学、思、悟、行‘习近平新时代中国特色社会主义思想’”为主线，将思想政治教育和师德师风教育贯穿全体教工成长成才的全过程。

学校坚持“研”“学”同步，打好底色；“评”“宣”同步，榜样引路；“诺”“践”同步，真抓实干；“奖”“促”同步，明确导向；将师德要求融入教育教学全过程，纳入绩效考核，纳入“高科金爱心育人奖”“教师节表彰仪式”“我心目中的好老师评选活动”“教师基本功比赛”等评先评优以及职称评审等各类奖惩机制。

学校作为上海市文明校园，在党支部的引领下，积极开展“德才兼备闪耀高科校园”“学四史、守初心、乐做教育追梦人”“善润生命、赋能成长，做知心引路人”“蓄势待发新征程”“云游红色展馆”等师德建设主题活动。

作为新区未成年人思想道德建设示范校，学校党政合力，坚持以社会主义核心价值观为指导，以立德树人为根本宗旨，依托六大育人途径，紧扣“扣好人生第一粒扣子，争做新时代的好少年”教育主题，通过“祖国华诞七十

---

① 教育部办公厅关于开展第三批新时代高校党建示范创建和质量创优工作的通知[EB/OL].(2021-10-20)[2022-10-11]. http://www.moe.gov.cn/srcsite/A12/moe_1416/moe_1417/202110/t20211029_576185.html.

载，领巾律动新时代”“共学四史明方向，助力高科新航程”“清明祭英烈”“雷锋精神助力成长”“探寻红色印记，传承红色精神”“在伟大旗帜下，感受浦东巨变”“共学四史传薪火，我是文明小主人”“学四史、担使命、致未来”“队旗飘扬跟党走，乐创赋能添荣光”等一系列寓教于乐的主题教育实践活动，积极引导学生“求真、行善、尚美”，争做胸怀理想心中有爱，拥有本领眼中有光，肩有担当行动有力量的未来创造者！

（二）追求实效，以党建推动教育改革

学校按照“围绕教育抓党建，抓好党建促教育”的工作思路，着眼实际、融入实践、追求实效，以不断深化“上海市文明校园建设”内涵为目标，以“四个融入”为抓手，将党建优势转化成为推动教育改革，促进优质办学，实现创新发展的助推器。

1. 把党建工作融入立德树人，为思想建设“补钙”

学校结合全国教育大会精神，立足学生核心素养的培养，不断促进教师专业发展，开展师风教育系列活动：“研”“学”同步，打好底色；“评”“宣”同步，榜样引路；“诺”“践”同步，真抓实干；“奖”“促”同步，明确导向。

学校从全局出发，系统思考，全面实施党组织领导下的校长负责制，注重以问题为导向，找准突破口和切入点，破解制约学校发展的瓶颈，党政合力开展亮身份、亮学分、亮岗位、亮服务、亮实绩——“先锋‘五亮’见行动”特色品牌创建，切实形成“三全育人”教育氛围。

2. 把党建工作融入提升办学质量，为规范管理“上锁”

学校党政班子结合教育新常态，从德育、教学两线抓好教育教学常规工作，做到党建工作与中心工作同步规划、同步部署、同步考核；将“依法治校、科学发展、特色办学、提升质量”作为高科实小教育教学工作的主旋律。在形成共识的基础上，党政合力，通过“四个健全”“三个坚持”“四个联动”形成了浓郁的依法治校、人文兴校的育人氛围。

在推进改革实践中，我们深深感到：办好一所学校，需要一支过硬的中层党员干部队伍。因此“中层党员干部”的培养，成为党政共同关注的焦点，通过实施“三个勤”“四个一”等培养途径与举措，用前瞻的眼光以及校内的

“特殊”政策加大对中层党员干部的培养力度。一是坚持“三个勤”，提升“管理即服务”的意识。“三个勤”：通过勤下组室，深入基层发现和解决问题；通过勤进课堂，提升业务能力；通过勤做工作，强化“管理即服务”的意识。二是坚持“四个一”，提升“实干勇担责”的能力。“四个一”：“一副担子”，积极探索“一校两区四中心”管理机制，进一步明确各个部门和岗位的职责与评价制度；“一把尺子”，建立多形式的中层党员干部述职述廉制度，高要求、严标准，检验成长实效；“一部扶梯”，编制和实施“登高计划”，通过“高科论坛”“三名寻访”“挂职锻炼”等多渠道培养中层党员干部；“一个平台”，通过各工作室平台，创新项目建设，创新课程研发，创新教师培育，激励年轻骨干实现管理和专业同步发展。

3. 把党建工作融入重点项目研究，为特色培育“加码”

学校作为一级党支部，为更好发挥党建引领、示范、辐射作用，积极开展“统整仪式教育，党工团队一体化建设初探”实践研究，积极探索“党工团队”一体化建设的模式，为深度加强教师队伍建设和学生思想品德的有效活动提供可借鉴经验。

学校充分运用现代信息技术，创新“党工团队”仪式教育模式，组织“云端仪式教育四大场馆”建设，即“高科红领巾号”实践馆、“高科青春梦想号”教育馆、“高科模范先锋号”组织生活馆、“高科幸福教师”风采展示馆，开启云参观、云体验、云授课、云交流、云互动等功能，有效提升仪式教育品质。

4. 把党建工作融入学校发展蓝图拟定，为长远发展“护航”

新一轮发展规划制订过程中，在学校的发展定位、育人目标确立、队伍发展方向、重点项目确定等方面，进一步发挥党建引领，把准方向，科学护航。

下阶段，学校作为上海市首批“攀登计划”示范校培育创建单位，将在党组织的引领下，积极贯彻党的二十大重要精神，牢记“为党育人、为国育才”的使命，继续深化“融·创”文化愿景内涵，坚持素养导向，以学生创新性学习为核心，建设具有融创特质的“万花筒$^{+}$”校本课程体系，建立课程管理与运行机制，树立课程品牌。从学校管理、教师队伍、课程管理、课堂教学、评价改革等八个方面全面建成“融·创”文化，引导学生“融”入未来社会，“创”造美好生活。面向社会、面向未来，培养“心中有爱、眼中有光、行动有力量的未来创造者”，把学校建设成学生喜欢、教师幸福、家长满意、社会认可的优质学校，打造成具有凝聚力、创造力、影响力的现代化特色小学。

（三）党政融合，深化学校现代化治理

1. 调整优化组织构架，形成“1+5”内部治理体系

在组织构架方面，学校做了以下工作。

优化党政管理组织架构，增设党政融创中心，形成以党组织为核心的“1+5”内部治理体系。“1”即以学校党组织为领导核心，科学引领、正确决策、积极推动各项工作有序落地；“5”即五个中心，包括党政融创中心、课程创新中心、教师服务中心、学生发展中心和资源保障中心，其中党政融创中心兼具引导正确方向、指导融合创新、督导扎实落地等“三个导”功能，是协调党组织与其他四个中心之间的“桥梁”，起着推动各中心有序开展工作的作用。“1+5”内部治理体系，即在党组织的集体领导下，各中心明确职责、协同运作，促进学校更好发展。

组建党政融创中心领导班子，由支委会与校长办公室成员共同组成，负责执行党支部的各项调研工作、决策计划等，充分了解其他四个中心的需求与问题，协助支委会健全各项制度，形成决策。

制定党政内部运行机制，厘清党组织与五大中心的关系，厘清党政融创中心与其他四个中心的关系，明确各中心工作职责与岗位要求，确保学校党政工作顺利开展。

坚持公开透明、多方参与的原则，在学校公众微信号上开发“党政治理”功能，将各项决策、调研活动等向全体教师、学生、家长等公开，实施教师、家长、学生多方参与的民主管理。

2. 健全各项运行机制，确保党政工作顺利展开

在运行机制方面，学校做了以下工作。

坚持民主集中制原则，坚持科学决策、民主决策、依法决策，健全各项管理机制，形成“党组织领导、校长负责、多方参与、全员育人”的治理格局，确保各项机制与制度运行有序，各项工作扎实推进，党政工作顺利展开。

积极落实中共中央《关于建立中小学校党组织领导的校长负责制的意见（试行）》，制定实施党组织会议和校长办公会议（校务会议）议事规则。建立常

态沟通机制,定期对学校近期重点工作进行商讨,确保学校工作及时展开。

健全干部培养制度。严格按照干部选拔任用的相关要求,完成校级干部公开招聘和调整,注重人岗相适。秉承“发现人、培养人、用好人”的原则,继续深化原有青年干部挂岗锻炼机制。组织教师学习文件精神,加强理论学习与研究,开展专题培训,建立和完善多层次的学习制度,健全党务干部专业化发展激励机制。

健全民主管理机制。坚持民主集中制,吸引全校教职工、学生、学生家长等参与学校管理。通过多种途径发挥教职工(代表)大会和群团组织作用,主动听取工会、教代会的建议,加强专家咨询。

建立高效务实的会议制度,提高会议效率。制定党组织书记抓党建工作任期、离任审计制度,对党组织书记任职期间有关党建工作进行监督和评价。将专项审计结果作为学校发展性工作目标考核、党组织负责人任用的重要依据。

建立党建逐级述职评议考核制度,创新党员激励机制,结合“高科五亮先锋行动”标准,形成党员、团员、教师、党小组述职评议考核制度。建立“三三五”党建督导制度,即党小组、年级组、文明组三组联建,一督党小组的先锋示范度,二督年级组的共建发展度,三督文明组的和谐温暖度,凸显“亮身份、亮学分、亮岗位、亮服务、亮实绩”的五个亮度,充分体现把党小组建在“连上”的优势与作用。

3. 建设党建特色品牌,创新党建制度改革

在党建特色品牌建设方面,学校做了以下工作。

(1) 深化“高科五亮先锋见行动”特色品牌。学校以提升组织力为重点,突出政治功能,优化学校党组织设置,创新活动方式,深化“高科五亮先锋行动”特色品牌,打造党建特色,推动党建工作与教育教学等重点工作深度融合;进一步扩展“亮身份、亮学分、亮岗位、亮服务、亮实绩”的五亮内容,将“五亮先锋行动”与党建督导制度深度融合;探索校本党员教师评价体系,激励党员教师在学校管理、专业成长等方面发挥模范作用,形成“高科五亮先锋行动”标准体系。

学校将“高科五亮先锋行动”推广到教师、团员与少先队员中,鼓励党员教师充分发挥模范作用,引导教师、团员与少先队员争做“五亮先锋”,并制定

相应的评价体系，分别纳入校本教师评价体系与学生综合素质评价体系中。

(2) 探索实施“高科党员远航计划”。学校将教师专业发展远航计划推广到党员队伍发展中，对入党积极分子、预备党员、党员教师制订“党员远航计划”，分“启航—护航—引航—领航”四个时期，对他们进行分层培训。一是吸纳“启航期”的党员在学校“四大创新工作室”担任主持人助理，深度参与学校区级以上重要课题和项目研究，争当教育改革排头兵，争做学习型、研究型、创新型教师；二是选拔“护航期”党员成为学校“干部储备库”成员，并进行为期一年的系列化的干部培训；三是选派“引航期”的党员到学校党政融创中心和“五大中心”，在管理岗位挂岗实践锻炼一年，积极参与学校管理；四是聘任“领航期”党员为学校“五大中心”主任助理，纳入学校干部培训体系。

坚持全面从严治党原则，建设一支高素养党员队伍，将“高科五亮先锋行动”标准体系、党建逐级述职评议考核制度、线上“党工团队”参与程度等融合，形成“高科党员教师评价体系”，激励党员教师成长。

(3) 深化党工团队一体化课题研究。学校完善党政工团(队)齐抓共管的工作机制，深化党工团队一体化建设，以党支部为核心，党团员为生力军，全体教师为主力军，丰富党建工作的形式，打造融合“一体化”，激发教职工教研潜力，提升学校立德树人实效。在党组织领导下，充分发挥校长在规划学校发展、营造育人文化、领导课程教学、引领教师成长、优化内部管理、调适外部环境等方面的作用。

学校丰富“党工团队”教育内容，持续丰富“云端场馆”的功能与教育资源，建设党员培训、教师培训、特色德育主题活动等各类资源，形成“党工团队学习资源一体化”，并将党员、教师、学生的培养或学习情况纳入评价体系，激发全校师生的思想政治学习热情，创建学习型校园。

4. 吸纳入党积极分子，壮大学校党员队伍

学校贯彻落实党管人才原则，“做好教职工思想政治工作和学校意识形态工作，加强师德师风建设和学校精神文明建设”[①]，推动形成良好教风。严格党员标准，探索“主动吸纳、积极引导”的党员发展思路，积极引导各学科

① 中共中央办公厅. 关于建立中小学校党组织领导的校长负责制的意见(试行)[EB/OL]. (2022-01-26)[2022-10-30]. http://www.moe.gov.cn/jyb_xwfb/s6052/moe_838/202201/t20220126_596515.html.

骨干教师入党,主动将学校先进分子和优秀人才吸收到党内,壮大学校党员教师队伍。

二、特色行政管理机制

学校确立了“事事都能思想先行,处处都能相互合作,人人都能参与管理”的理念,提倡“管理即服务”,积极探索“纵向落地、自主运转,横向联动、协同共治”的特色管理模式,实现学校管理的规范化、法治化与人性化;强调全员参与,规范处事,互动发展,构建以提高教育质量为导向的管理制度和工作机制。广大教师热爱学校,有着较强烈的“学校发展我发展,我发展学校更发展”的意识,对学校愿景和发展趋势认同度高。

(一)坚持“四个健全”,实施“三个坚持”,全力保障依法治校

我们健全以学校章程为核心的制度体系,健全以各尽其职为特征的领导机构,健全以集体议事为特征的治理结构,健全以规范办学为特征的实施途径,为依法治校实现制度保障、机制保障、组织保障与监督保障;坚持以促进发展为特征的民主管理,坚持以寓教于乐为特征的法治教育,坚持以协同共育为特征的多维联动,为依法治校实现权益保障、宣传保障与成效保障。学校依法实行规范招生,规范实施教育收费,合理配置各类资产,严格执行财务管理,健全各种安全制度和应急预案,高度重视学生安全教育,加强预防近视教育,全面落实防疫要求,确保师生安全。学校获得上海市文明校园、上海市依法治校示范校、上海市安全文明校园、上海市绿色校园、上海市无烟学校等荣誉称号。

(二)注重“三个勤”,实施“四个一”,切实提高干部素养

中层干部队伍的质量是学校发展的重要生产力,学校坚持做到“有目标、有载体、有评价、有成效”,形成科学、系统、完整的培养机制,从而使处于不同发展阶段的中层干部,激发内在发展动力,创造性地解决各种实际问题的过程中强化责任担当,提升综合素养。

1. 注重践行“三个勤”，有效强化服务意识

学校建立各中心及干部“主管、分管、协管”的“三管”工作机制，形成具有“条块分明、职能明确、各司其职、上下连带”特点的运行机制；注重践行“三个勤”，即：勤下组室主动沟通，深入基层发现和解决问题；勤进课堂，行政全覆盖担任导师顾问，提升业务能力；勤做工作，强化“管理即服务”的意识。

2. 扎实推进“四个一”，充分体现实干勇担责

学校实施“四个一”提升干部实干勇担责的能力。①“一副担子”：积极探索“一校两区四中心”管理机制，明确各个部门和岗位的职责与评价制度。通过学习促提升，做到学思悟行制度化、体现学习内容多元化、注重学以致用显成效。率先垂范体现专业与管理同步发展。强调面对问题不回避、不推诿，善于将发展中的问题转化为资源，体现干部担当。新学期管理团队新学期工作研讨会上，对于干部提出“五个力”，即学习力、思考力、执行力、创新力、影响力的明确要求，并通过基础项目、重点项目、创新项目的推进落地提升干部综合素养。有项目、有指导、有跟进、有平台，让管理团队成员的成长看得见。青年干部挂岗自荐加部门推荐，坚持“发现人、培养人、用好人”的原则，用心做好干部储备培养。②“一把量尺”：制定《集体议事规则》《“三重一大”规定》和《党风廉政建设制度》，签订廉政责任书并严格执行。建立多形式的中层干部述职述廉制度，高要求、严标准，以干部自评为主，提升干部自我反思、自我评价的能力，检验成长实效。③“一部扶梯”：编制和实施“登高计划”，通过“高科论坛”“三名寻访”“挂职锻炼”等多渠道培养干部。制定《后备干部培养、选拔推荐制度》，选拔优秀青年到各个中心“挂职锻炼”。④“一个平台”：通过“创智云、中草药、慧育苑、心灵桥”等四个创新工作室成长平台建设，创新项目建设，创新课程研发，创新教师培育，激励年轻干部改革创新、勇挑重担，实现管理和专业同步发展。

体系化、多渠道的干部培养机制助力队伍梯队化成长：有16位青年教师在校内参加过四个中心的挂职锻炼；有2位青年教师已经开始担任中心的助理工作；有2位教师参加教育局挂职锻炼，1位被提拔为副校长，1位踏上党支部书记兼校长岗位。

三、高效教学管理机制

(一) 实行二级教学管理机制

教学管理是学校管理的核心。教学质量管理是教学管理的核心。为确保教学质量,学校建立健全教研组、备课组的二级教学管理机制。

教研组是学校落实教学工作、开展教学研究和提高教师业务水平重要基地之一。教研组根据学校工作计划及课程创新中心工作计划,结合本学科特点制订教研组工作计划、学科活动方案;认真做好教研活动记录,对备课组工作和本学科教师的教学工作承担监督、检查和指导职责。教研组长带领全组教师学习贯彻落实教育方针,更新教育理念,认真钻研课程标准,根据学校教学计划,协同组内教师共同制订并完善实施本学科教研工作计划;定期组织组内教师学习课程标准,钻研教材教法;组织落实本组教师组内研讨课(互观课)的听课、评课活动。

备课组是学校教研组的有机组成部分,在教研组的指导下,按照年级的教学要求和特点,开展教学研究,促进课时计划落实,确保课堂教学质量,提升学科育德能力。备课组长带领本组组员学习教育方针、教育教学理论,教改的先进经验以及教学方面的有关规定,贯彻落实教学计划,为党育人,为国育人;主持备课组的教研活动,做到定时、定点、定内容;指导、督促教师制订个人计划,带教青年教师,积极参加市、区、学区、学校等各类教研活动、教学评比和学科德育精品课征集活动。

(二) 加强教学质量监控

质量是学校生命线,全面提高学生学习质量关键在于提高 35 分钟课堂教学质量。学校在教学质量监控方面采取以下措施:①课程创新中心每学期定期、不定期地对各学科进行质量调研,包括音乐、体育、美术、自然等综合学科,调研后进行教师、教研组长、学科分管领导的三级质量分析,并提出改进措施;②课程创新中心负责每学期期中、期末质量调研的命题,并由教师、教研组长、学科分管领导对全校期中、期末调研情况作三级质量分析,提出改进措施，并指导教师落实到今后的课堂教学中；③各学科分年级每单元进行一次综合练习，并做好单元质量分析；④每次期末调研前各学科分年级制订一份详尽的复习计划，准备适量的复习练习，由课程创新中心负责审核；⑤每次期中、期末调研都认真做好班级质量分析，并制订改进措施，由教研组汇总后向课程创新中心汇报；⑥要求教师做好对于学习困难学生的追踪和个别化指导。

（三）实施多元教学评价

学校致力于构建高科实小具有融创特质的“四有”课堂，即有道德的课堂、有生活的课堂、有对话的课堂、有探究的课堂，以培育学生创新素养作为学校课程教学改革的核心思想，作为全体教师课堂教学的重要标尺和高质量课堂特征。

评价是对教学过程进行调节控制，掌握教学平衡的一个重要环节。学校倡导“三全、三优”的质量监控理念，“三全”就是全面、全程、全员的质量管理；“三优”就是优化师资队伍、优化课程教学、优化教育环境。在这一理念的指导下，学校结合德、智、体等各方面，从认知、态度、情感三个维度制定各个流程的具体监控细则，强调动、静结合的质量监控。

学生学业评价原则：全面、客观、公正。《上海市学生成长记录册》中学期总评以平时学习情况为主要依据，结合“高科才富成长营”评价体系中学生相应积分与期末考试成绩进行综合评价（各占 50%），学年总评以两个学期总评进行综合评价（各占 50%）。学习表现、学习能力、实践能力由教师根据平时观察，并依据“高科才富成长营”评价体系进行评价。

（四）探索教学管理新模式

随着智慧校园的建设，学校已经研发了教学管理平台，对学校教学工作进行信息化管理，目前已经初步实现了信息化教学管理的自动化、服务化与规范化。在上传了一些原始信息数据与目标要求之后，平台能够替代学校管理人员完成一部分既定工作。

未来，随着智慧校园建设的开展，学校将进一步完善教学管理平台，开发多模态的智能课堂教学评价系统，使教学管理平台逐步实现智能化、智慧化；利用智能设备采集教师在课堂教学中的行为、教学过程中使用的资源、课后作业批改情况等，分析教师的课堂表现，从而帮助教师提高课堂教学技巧与教学质量；利用移动终端、摄像头等智能设备实时捕捉学生在学习过程中产生的多模态数据（动作、表情、语言、笔迹等课堂表现），对学生的课堂表现进行动态评估、对学习过程进行全方位评价，从而帮助教师对学生精准指导。

四、教师自主发展机制

教师的发展是学校发展的重要条件，而教师专业发展的主体是教师。因此，学校出台了一系列措施激发教师自我发展的期望与热情，促进教师自主发展。学校确立了校长负责制、教师聘任制、岗位责任制、绩效考核制等各项制度，旨在激发全体教师的积极性和主动性，触动他们主动学习、自主发展，不断提高专业能力与业务水平。

学校构建了以绩效考核制为核心的竞争激励机制，通过绩效考核对教师的教学工作进行考核与纠偏，奖优惩劣，激励教师不断发挥高效能，提高教学质量。

学校建立了教师评价体系，未来将进一步健全优化教师评价机制，从师德师风、课堂教学、课题科研等方面全面考核教师专业成长，激发教师主动发展。

学校实施以聘任合同制为核心的岗位竞争机制。聘任合同制中详细说明了学校对教师的要求，通过竞争上岗使学校的要求变成教师的自觉行动。在这一机制之下，教师更为关注自身发展与业务水平的提升。

学校以“高科教师远航计划”为核心构建了校本教师培训机制，不断创新研修模式，积极引进专家资源，构建了校本教师培训课程，频繁与集团（学区）内兄弟学校、市区及其他地区学校进行联合研修、帮扶交流，促进教师自主发展。

第二节　融美乐创之评价机制

教育评价是教育改革的关键因素。在发展过程中，学校建构了体系完备、内容全面、指标丰富、形式多元的评价机制，为学校发展保驾护航。

一、构建完备的评价体系

学校评价并不是单一的学生评价，而是以促进学校发展为目的，以现代教育发展观为指导，以学校、全体教职工、全体学生、教学活动等为对象进行的评价。学校构建了体系完备的校本评价，包括学生评价、教师评价、教育教学质量评价、行政人员评价等。这些评价在学校管理中发挥特定功能，共同构成了有高科特色的校本教育质量发展评价体系，帮助学校对发展现状进行判断，促进学校自主发展。

二、强调全面的评价内容

为实现评价结果的有效性、促进个性化发展，学校强调评价内容的全面性，坚持多维度、多角度的评价观。

学生评价“高科才富成长营”以促进学生全面而个性化发展为终极目标，坚持德、智、体、美、劳全面发展，围绕“崇德明理、乐学善思、自主健康、尚美乐创、躬行实践”的育人目标，设定品德发展、学业发展、身心发展、审美素养、劳动与社会实践五大板块共计50余项评价内容。

教学评价以提高教育教学质量、促进学生发展为最终目标，坚持五育融合，打破唯成绩论的单一的评价标准，强调过程性评价，涵盖教与学各个方面，从教师备课、课堂教学、作业设计与批改、学生测验、课后辅导及学生预习、课堂纪律、学习过程等方面进行量化评价。

教师评价以促进教师专业成长、提高教育教学质量为目标，坚持师德为先、能力为重，将师德师风、专业能力、科研能力与综合素养作为教师评价的重要内容。

管理评价以提高管理水平、促进学校自主发展为目标,从教育理论与政策水平,计划、组织与管理,奉献与协作精神,常规工作,承担任务,工作创新,部门业绩、项目成效等七方面进行考核,重变化,看发展。

教辅评价以提高服务质量为目标,主要考核教辅后勤人员服务师生、服务教学、服务学校发展,确保学校中心工作顺利展开,确保校园安全文明的意识与能力。

三、确立三级评价指标体系

学校各类评价均强调过程性、动态性与发展性,确立三级评价指标体系(部分为二级指标体系),制定量化评价表,力求关注全体师生发展的全过程。

如对行政人员的考核评价中,一级指标分为基本素质、履行职责情况、工作实绩 3 类,二级指标包括教育理论与政策水平、计划组织与管理能力、奉献与协作精神、常规工作、承担任务、工作创新、部门业绩、项目成效 8 类,三级指标共 14 类。

如对骨干教师学期工作考核评价,一级指标为职业道德、发挥教育教学示范作用、参加教师培训工作、指导和带教工作、课题研究论文撰写、参加支教工作 6 类,每类再分为区学科带头人、区骨干教师、校骨干教师 3 类,作为二级指标,二级指标每类再分 1～2 类作为三级指标。

对教辅后勤岗位基本上采取二级评价指标。如教工安全、卫生工作、服务品质等考核评价中,一级指标为“三清三关”工作、设备维护与保管、室内环境卫生、安全卫生教育,在此基础上,再分为若干二级指标。

四、采取多元评价方式

为保证评价的客观公正,学校采取内审与外审相结合、自主与他评相结合,多种评价形式相结合的评价方式。

（一）内审与外审相结合

在整体教育教学质量与管理评价中，学校主要采用内审与外审相结合的形式。内审是指学校内部自审，由校长牵头，副校长、各中心主任、年级组长、教师代表、学生代表、家长代表等共同组成内审小组，对学校的整体教育教学质量情况进行评价。内审的依据主要是相关的政策文件和《学校章程》等学校管理的各项规章制度文件。内审具有及时性、动态性，且评价反馈时间短，可以第一时间反馈给相关人员进行整改。

外审主要为接受上级主管的检查，包括区级教育督导、集团督查等各种形式的学校检查。外审检查人员由上级主管指定，依据相关的文件或检查标准进行。外审能够将学校教育教学质量在一定区域内进行比较，用区域性标准进行评价，帮助学校找出内审不容易察觉的问题，并给出指导建议。

在内审与外审的过程中，校长需要处理好两者的关系。校长要对内审与外审有充分的认识，理解两种评价对学校的发展均具有重大的意义。在评价时，一方面跳出学校自身的局限来主导内审，使内审标准具有一定的区域性；另一方面，也需要对外审评价有深刻的理解，带领全体教职工进行整改。

（二）自评与他评相结合

学生评价、教师评价、教学评价、行政人员评价等各类评价，均采用自评与他评相结合的方式。

自评，即自我评价，主要是被评价者对自身发展过程、发展结果的评价，引导被评价者进行自我反思、自我觉察。他评，即他人评价，主要是其他人员对被评价者的发展过程、发展结果进行评价。他评不限定人员，学生、教师、学校领导、家长、社会人员等均可，旨在对被评价者进行多层面、多角度的评价，尽量保证评价的客观性、全面性与公正性。在对学生的评价中，他评人员包括同学、教师、家长、社区辅导人员等，旨在关注学生成长的全过程，促进学生全面发展。对教职工的评价，强调认真听取学生、家长、社会等各方对绩效评价的意见与建议，建立有效的制度，使评价内外结合，形成促进教师专业成长的合力。

在自评与他评的过程中，被评价者也要处理好两者的关系。这要求被评价者既能够有一定的自知之明，能够客观清醒地进行自我反思、自我评价；同时也要求被评价者能够理智地对待他评，结合他评进行更深刻的自我反思，达到以评价促发展的目的。

（三）多种评价形式相结合

评价考核的主要依据是评价考核量表。学校制定了《行政人员学期工作考核表》《教工安全、卫生工作考核表》《教研组长考核表》《年级组长考核表》《校本研修绩效考核表》等一系列考核量表，将能够量化的评价指标进行量化，以确保考核评价标准的统一性。对于不能量化的评价内容，学校以电话访谈、座谈会、调查问卷等形式进行考核。

五、有效利用评价结果

为实现以评价促发展，学校建立了一整套有效利用评价结果的机制。

依据评价结果对师生进行奖惩。对于评价结果优秀的师生进行奖励，对于评价结果不合格的师生进行适当批评教育，严重者予以相应的惩处。

学校建立学生成长档案，对学生实施综合素质评定，促进学生全面发展。每学期评价结果记入学生本人档案和《上海市学生成长记录册》。学校对德智体美劳诸方面均表现突出、在某方面有突出成绩或进步显著的学生，予以表彰和奖励，并记入学生本人档案。学校对违反校纪校规的学生予以批评教育，并可对情节严重者给予相应惩戒。

学校建立教职工业务档案，每年对教职工的职业道德、工作能力、工作态度和工作绩效进行考核，考核结果作为续聘、转岗、解聘、晋升工资、实施奖惩等的依据。

——节选自张江高科实验小学《学校章程》

以评促教，以评促学。教学评价、学生评价的最终目的都是促进学生全面而个性化的发展。因此，教学评价与学生评价的结果均会作为教师改进课堂教学的依据，或向学生推荐个性化的学习资源，辅助学校实现大规模的因材施教。

依据评价数据绘制师生画像。在学校智慧校园的建设过程中，评价系统会自动汇聚所有的评价大数据，为学校、教职工、学生绘制个人数字画像，赋能学生成长，助推教师发展。

依据评价数据推进精准管理。利用校园大数据，建立学校管理动态监测机制，健全学校管理制度，实施精准教育、精准研修，推进学校治理现代化。

第三节　融美乐创之激励机制

激励机制是现代学校建设所需的重要管理机制，是对学校教职工努力工作的认可，能够促进全体教职工个体不断努力，挖掘自身潜力，主动发展，从而获得良好的管理效果。在对教职工进行激励时，学校应坚持公开、公平、公正的原则，采用物质激励与精神激励相结合、个体激励与团体激励相结合等方法，有效地提升学校管理效能。

一、坚持公平公正，激励全体教职工

坚持公平、公正激励全体教职工。学校激励机制面向包括教师、管理人员、教辅人员及工勤人员等在内的全体在编在岗职工。为此，学校制定了《教师（含管理、教辅及工勤人员）绩效考核方案》与《奖励性绩效工资分配方案》，并针对每一类群体制定具体的奖励措施，保证每一位教职工激励有效。

坚持考核过程的公平与公正。对教职工进行考核与激励时，严格按照《教师（含管理、教辅及工勤人员）绩效考核方案》中规定的考核内容与考核方法进行，对教师、行政人员与教辅后勤岗位分别进行考核，明确考核标准。

每个教职工分别按“教师、行政人员、教辅后勤”岗位分类考核，凡兼有两个（含两个）以上岗位的，按不同岗位分别考核，最后按比例计算分值。

坚持考核评价的公平与公正。在进行绩效考核时，学校采用内部评价与外部评价相结合的方法，认真听取学生、家长、社会等各方对绩效评价的意见与建议，建立有效的制度，使评价内外结合，形成促进教师专业成长的合力。

坚持考核结果应用的公平与公正。学校根据绩效考核结果，依据《奖励性绩效工资分配方案》进行奖励，使考核与奖励相匹配，促使全体教职工都能获得与自身能力、业务水平相匹配的奖励。此外，考核结果也被作为教师资格认定、岗位聘任、职务晋升、培养培训、表彰奖励等方面参考的重要依据。

二、坚持“三结合”，多效推动教职工发展

（一）物质激励与精神激励相结合

对教职工的激励首先体现为物质激励。学校的绩效激励最直接地体现为绩效工资，即薪酬奖励。绩效工资包括超工作量补贴、骨干教师奖、考核优良奖、教育教学成果奖、车贴饭贴、乡村倾斜、工作餐补贴、项目奖等8个类别，每一类奖励都有具体的计算方法。在计算绩效工资时，学校采用积分点的形式，以一个学期累计的积分点进行计算，计算方法为：积分点单价＝奖励性绩效工资总量÷教职工积分点总数，奖励性绩效工资＝积分点×积分点单价。

除了物质奖励外，学校还重视对教职工进行精神上的激励，或情感上的抚慰。比如在对教职工进行物质奖励时，通过校园宣传栏、校园网、微信公众号等宣传平台进行宣传。这种精神激励使得教职工充满信心，产生更强烈的内驱力，以更大的热情投入工作。

（二）个体激励与团队激励相结合

对教职工的个体激励是学校激励机制的基本形式，是以教师个人为激

励对象而进行的激励形式。个体激励是为了满足教师个体发展的需要，最大程度地实现个体的意愿。绩效工资中的 8 类激励均可对教职工进行个体激励。

除了对个体激励，学校还重视对团队的激励。如年级组、教研组“团队协作共建”奖就是团队激励的一种。学校每学期根据各教研组、年级组考核等第分为 A、B、C 档，组内每位成员根据本组的考核结果享受相应的奖励。

在对团队进行激励时，学校注重把握好个体激励与团队激励的关系。首先，对团队的激励最终需要落实到个体激励上，即对团队中的每一个个体进行激励。如年级组“团队协作共建”奖，就针对班主任、副班主任等不同个体设计不同的奖励。其次，科学处理每个个体的团队贡献度，根据贡献度对个体进行不同程度的奖励。如年级组“团队协作共建”奖中，班主任的团队贡献度最高，因此绩效奖励最高。副班主任也有一定的贡献度，因此也有绩效奖励但略低。两者都有贡献，不能抹杀，政策是兼顾两者，合理分配。最后，团队激励时不仅能够激励个体，也能够促进团队的长远发展。团队激励虽然最终会落实到每个个体，但对团队激励时也会注意对团队进行整体上的激励，激发团体内部的合作精神和团队意识。

（三）正面激励与负面激励相结合

正面激励，即奖励。负面激励，即惩罚。学校采取正面激励与负面激励相结合的方法，即建立赏罚分明的激励机制，对业绩突出的教职工进行适当奖励，对违纪违规或业绩不达标的教职工进行适当惩罚。学校对违反《教师法》《中小学教师职业道德规范》等有关规定及发生教育教学事故的，视情节轻重给予当月考核为 C 档，扣除当月绩效工资或不享受当月奖励性绩效工资，甚至不享受半年、全年绩效工资等处罚（具体情况由绩效考核领导小组以及党组织会议讨论决定）。

第四节 融美乐创之治理保障

一、开放办学，联动融合，提升治理水平

（一）两个校区联动，实现融合共享

1. 整体部署，因地制宜，形成“融美乐创”的校园文化环境

学校坚持以社会主义核心价值观为引领创设校园文化环境，大力构建绿色健康、积极向上、团结和谐、科创特色的学校文化，对校园文化建设进行整体设计，凸显“融美乐创”的校园整体风格，全方位优化文化阵地的育人功能。近两年间，学校形成对智慧学习空间建设的顶层设计，快速推进走廊、大厅、仓库和专用教室等一切可以利用的有利条件，进行物理空间的智能化重构，两校区形成“创空间、中国心、智能造、宜居港、智慧树”等 10 多个智能化的主题学习空间，发挥校园宣传栏和校园网、微信公众号作用，不断拓展校园文化建设的渠道和空间。

2. 寓教于乐，因势利导，体现联动共育的活动育人氛围

两校区联合组织开展“爱党知史乐传承，尚美乐创寻红脉”、“葵藿向阳生，童心颂党恩”等丰富多彩的文化教育活动，强化对少年儿童的政治启蒙和价值观塑造。为丰富校园生活，形成适应时代的个性化节庆文化，学校开展六大节庆活动、仪式教育、社团、艺术、体育、科技、社会实践等各种形式的校园活动，丰富校园文化生活，促进师生积极情感的体验和精神生活的充实。在活动中，我们注重培养学生综合能力、提升学生综合素养、展现学生风采风貌，打造融美乐创的文化品牌。近几年学校围绕中华人民共和国成立 70 周年、中国共产党成立 100 周年、浦东开发开放 30 周年、学校建校 20 周年等主题，多次开展区级以上庆祝成果展示活动，展示出爱党爱国、积极向上的师生风采，社会反响良好。

（二）线上线下联动，实现交互共融

学校从全局出发，系统思考，全面实施党组织领导下的校长负责制，注重以问题为导向，找准突破口和切入点，破解制约学校发展的瓶颈，党政合力开展“勇当先锋五亮行动”，切实形成“三全育人”教育氛围。学校重大问题由校务委员会投票表决，重大活动、事件通过校园网等渠道公布公开，实施教师、家长、学生多方参与的民主管理；每年通过“倾听你的声音”问卷星网络调研的形式，倾听民声民意；依托“校家社共建项目”，汇聚广大师生、家长、社会等多方力量，以头脑风暴、问卷访谈、专家论证等方式，通过学校微信公众号、公示栏、座谈会、恳谈会等形式，密切学校与家庭、社会的联系，拓宽多方参与学校治理渠道，主动争取家庭与社会资源对学校改革发展的支持。

二、健康安全，优化环境，打造平安校园

（一）平安校园，环境赋能

学校在校门范围的显著位置张贴相关的公益宣传海报，滚动播放《新七不规范》和《如何正确使用公筷》的视频，严格整顿校园周边环境，重点排查电子游戏场所、无证照摊点、“三无”食品等，严禁非法出版物进入校园，引导学生健康上网，为学生们提供一个健康安全的学习环境。学校还依托现代信息技术为学校安全管理赋能助力，连续多年荣获“上海市安全文明校园”荣誉。学生在体育、卫生健康、心理健康等方面发展良好。

（二）健康校园，关注成长

学校运动场地设施完善、管理制度规范，认真落实“三课两操两活动”，保障学生每天运动 1 小时。通过各类课程实施，我们帮助学生掌握 1～2 项体育技能，促进学生体质健康达标。学校健全卫生系统，保证一定数量的专职卫生人员，制定学生预防保健措施与医保制度，使学生体检率达到 100％。

依托中草药特色课程的实施，学生视力防护有特色。学校关注学生心理健康教育，加强师资配备，做到硬件设施达标，开设心理健康教育活动课，形成学校、家庭、年级、班级、宿舍分级心理危机干预网络，成为上海市心理健康示范校。

（三）提升品质，服务赋能

学校食堂管理规范、制度健全，积极做好"明厨亮灶工程"。食堂从业人员资质齐全，以确保校园卫生安全。师生午餐推广落实"分餐制"，并尊重师生个性化饮食习惯。学校资源保障中心、后勤人员服务规范，监管有力。通过"家委会阳光午餐寻访团"机制的有效实施，不断提升午餐质量和学生满意度。作为实施工程的课后服务工作也得到家长充分认可，并被东方教育时报等媒体报道。

同时，作为一所教育基层单位，学校积极加强生态校园和节约型校园创建，开展了垃圾分类减量、绿色教育、环保教育和低碳节能教育，举措合理、成效显著，荣获环保教育优秀组织奖，相关事迹被媒体报道。

三、动态监测，精准管理，推进数字校园

学校利用校园大数据，致力于建立管理动态监测机制，健全管理制度，精准化识别管理对象、精确化配置教育资源、精细化管理任务目标、精准化考核管理责任、精准化提升薄弱层面、精准化打造学校品牌，推进各项工作的规范化，努力办成文化积淀厚、育人底蕴深、科学发展、质量上乘、特色鲜明的创新性、未来型、高品质的现代化学校。

学校充分利用信息技术，探索推进党建工作、政务工作数字化进程，提升管理效能，促进数字校园建设；探索纵向到底、横向到边的数字化互通，形成全校党建工作"一盘棋"，努力实现党建工作信息化、智能化管理，有效提升学校党建工作力度；为每一位党员教师建立数字档案，汇聚"高科五亮先锋行动""党工团队一体化云端场馆""高科党员教师远航计划""党员教师及干部培训"等各项数据，为每一位党员教师绘制成长画像，为学校党员队伍

发展提供数据支持，为党组织精准治党、精准决策提供数据支撑；以“党工团队一体化云端场馆”为依托，依照“有场所、有设施、有标志、有党旗、有书报、有制度”的标准建设线上党员活动室，丰富线上党员培训课程及各类党建资源，加强党建阵地建设，增强两个校区间的党员联动交互，统整校内外的各类党建资源，与集团及其他学校进行资源共享，形成线上线下联动、校区之间联动、校内校外联动的党建阵地。

学校加强校园管理的精准研究，全面建设“融·创”文化；加强教师管理的精准研究，推进精准研修，建设一支“仁爱崇德有温度、合作乐研有高度、学识扎实有深度”具有融创特质的高素质专业化创新型的教师队伍；加强学生管理的精准研究，实施精准教学，培育有德行的未来创造者；加强课程管理的精准研究，打造“多元、融合、个性、创新”的课程体系，提升教育教学质量；加强后勤管理的精准研究，保障校园安全，提升现代化管理水平。

第七章

和美而建，融美乐创的育人格局

和美，和谐美好。和美而建，即凝聚学校、家庭、社会的育人合力，构建育人新格局，共同引导学生为融入未来社会、创造美好生活、成就幸福人生奠基。

在办学实践中，高科实小格外重视凝聚校家社的育人合力，从家校共建到社会协同，和美共育，融通无界，探索多方协作、空间共建、资源共享的融创育人新模式，构建育人新格局，融汇育人资源，共同开发丰富多彩的特色课程、实践活动，搭建融通校内校外的智慧学习空间，提升协同育人水平。

第一节　融美乐创之家校携手

一、加强指导，提高家庭教育能力

（一）基于问题、积极回应、协同育人

教育是为未来培养合格的人才，好的教育应及时回应时代的要求，随着人类命运共同体时代、科技时代、虚拟与智能化时代的到来，社会变革的新时代特征呼唤教育的变革发展，同时也呼唤家校共育的变革发展。

“家教良好，未来才有希望。”家庭是孩子的第一所学校，父母是孩子的第一任教师。现实中存在家长对教育者身份难以把握，非专职教育者角色缺乏专业水平，外界无法监督教育内容与方式等，导致一些家庭在孩子教育上出现各种问题，如对孩子过分溺爱、要求过高、重智轻德等。

面对如此现状，学校育人的作用和价值如何体现，是值得思考和践行的重要课题。“一个孩子就是一个家庭的整个世界”。这一点，时刻提醒着我们要更多地站在孩子父母的角度去思考：家庭教育的本质是什么？家长如何成为孩子的伙伴和灯塔？如何与家长进行有效沟通，为家长提供切实可行的家庭教育指导？带着这样一些思考，学校在倡导多元开放办学的理念指引下，需要明确家长主体责任，并充分发挥自身重要作用，积极架构全员、全程、全方位协同育人的格局，创设充满温暖和生机的“教育生命场”，共同守护学生生命和谐健康成长。

（二）把握方向、明确内容、全面育人

家庭教育是孩子成长的重要因素，家长要根据孩子身心发展规律，依据家庭条件构建适合孩子成长的生活环境，在孩子培养中凸显素养导向与个性化发展，引导孩子确立自己的成长目标，重视孩子实践能力的发展。家长是家庭教育的主体责任人，肩负着孩子成长成才的重要责任，国家曾对家长提出了 10 项具体要求，包括：①承担家庭教育主体责任，坚持立德树人；②注重家庭、注重家教、注重家风；③根据子女年龄特征和个性特点实施家庭教育；④注重子女品德教育；⑤教育引导子女养成良好学习习惯；⑥促进子女身心健康发展；⑦培养子女健康的审美情趣和审美能力；⑧教育引导子女树立正确的劳动观念；⑨为子女树立良好的榜样；⑩在家庭、学校、社会协同育人中发挥作用等。这些要求可以为我们确定沟通、指导内容提供重要依据。家庭教育指导其他内容还包括教育法规政策、婚姻家庭关系、未成年人保护法、家长在学生成长中的作用、家校共育合理诉求的正确表达、文化融合等。开展家庭教育指导的内容应体现时代性、科学性、前瞻性。

（三）强化指导、组织保障、有效落地

学校在家庭教育工作方面应强化指导。

一是进一步强化家庭教育工作指导。构建家庭教育工作格局，以政府为主导，各部门相互合作，由学校组织，学生家长全部参与，社会各界大力支持；统筹家校沟通渠道，包括家委会、家长开放日、家长会、家访等；逐步建成

专兼职相结合的家庭教育指导骨干力量。

二是进一步发挥各级家委会作用。学校应高度重视家委会的桥梁与纽带作用，凝聚家长智慧，聚集家长力量，使家委会有序化、常态化、制度化。包括：①制订三级家委会章程，协商共管，充分发挥各级家委会的作用，将家庭教育指导服务作为重要任务；②将家长委员会纳入学校日常管理，加强培训与引领，成立家庭教育讲师团，组织开展形式多样的家庭教育指导服务和实践活动；③完善家校联席会议制度和家校联系沟通制度，定期研讨，针对性地讨论工作中的重点、难点、相关政策等，保护家校工作顺利展开，共育青少年成长。

三是进一步办好家长学校。家长学校是学习、成长共同体，具有沟通、指导、交流、宣传等功能。学校可制订家校工作的整体方案，体现学校办学理念，将家长学校建设与学生发展、德育工作相结合；组建专家团队，研发家长课程与家庭教育课程，加强家长指导，提高家长育儿能力；加强工作落实，做到教学计划、教学人员、教材设备、日常管理四落实，保障家长学校建设的相关工作有序开展。

（四）资源统整、交互共融、携手共育

学校坚持实施“线上与线下交互共融、自研与共研齐头并进、研习与运用融会贯通、校内与校外携手共育”等策略，营造团队共建，互伴共学，互信共赢的共育氛围，逐步形成“浸润、互助、共赢”为特点的学校家庭教育指导模式。

1. 自学共学齐头并进

学校通过“高科才富成长营”智能化家庭教育评价激励机制，引导家长在坚持个人自学与互助共学相结合的基础上，建立学习档案，获得“杰出才能”“学习共进”等奖励积分，并颁发家长学校结业证书。

学校结合家长微型课“有话好好说”“五彩的情绪”“记忆小达人”等，开展心理健康教育系列课程。内容包括学习方法分享、辅导经验交流、问题困惑探讨、评价激励共赢等。家庭教育共研还可以有一些主题式讨论，例如研究如何有效实施家庭评价激励机制促进孩子自主能力的提升等。

2. 研习运用融会贯通

学校通过开展亲子成长工作坊，疏导家长焦虑情绪，掌握科学教育小学

生问题行为的方法，改善教养方式，为儿童提供温馨健康的家庭环境。针对小学生问题行为发生率呈上升趋势的现状，学校依托“小学生问题行为干预与支持系统构建的实践研究”这一课题，整合多方资源，研究出一套有效的干预机制和支持系统，教会家长对儿童的干预训练方法，使他们与学校一起对小学生问题行为进行干预和训练，有效改善了小学生的问题行为，使校家社三位一体的教育合力发挥出更大的作用。

3. 线上线下交互共融

线下学校通过系列化的家长学校培训，以专家讲座、案例分析、现象讨论、头脑风暴等方式，来指导家长用心解读孩子，真正读懂孩子；通过家庭教育指导工作坊培训、家庭教育心理情景剧，还原、呈现包括二宝教育问题、手机管理问题、作业管理等真实的亲子关系和家庭教育现状，在现场互动、交流、分享、碰撞中逐步形成共识、体悟有效方法。

线上学校通过家委会公微持续推送优质资源、育儿经验；通过每个班组建若干个家庭教育互助研修群，开展常态化研讨和主题式集中研讨，通过家庭教育热线咨询等，形成经验随时可分享、困惑随时有人帮的局面，有效缓解家长育儿焦虑，为家校协同共育打下基础。

（五）立足实际、顺势而为、凸显特色

有效沟通与指导从总的发展趋势来讲主要体现以下几方面的特点。

在价值取向上：家长与教师共同成长，协同合作，达到双赢。学校家庭美各其美，美美与共，教师与家人应成为审美者，共同发现孩子成长中的美，发挥他们生命内在自主之动力源。

在合作形式上：在传统的定期召开家长会和家访等形式的基础上更加注重常态化的网络空间交流；同时统筹协调社会资源，加快形成家庭教育社会支持网络。

在合作内容上：家校合作不局限于学生的学业，而是将学生德育、心理健康、素养提升、全面发展等都纳入合作共育之中。推动学生成长需要学校、家庭、社会的有机结合，需要构建一个和谐发展的育人场。作为专业的教育者，我们要去创造性地建设这种育人场，让育人场成为学生成长的育人

田，让学生的成长之花尽情绽放。

立足学校实际，顺应家庭教育指导发展趋势，我们将着力体现家庭教育指导的分层化、个性化与精准化特点。

一是分层化。我们对于家庭教育指导课程进行整体设计，根据不同年级、关键时段的指导重点实现分层分类。同时依托家庭教育市级重点课题的推进实施，研发制定《张江高科实验小学学生“五育”分年级家庭教育指导指南》，为各年级家长开展劳动教育家庭指导提供分层化的依据与参考。

二是个性化。每个孩子都有自己的成长脚步，每个家庭都有独特的生命场域，我们应当发现每个孩子的独特性，珍惜每个家庭的独创性，和家长一起发现孩子生命成长中的积极力量，激发孩子向上、向前的发展动力，促使每个孩子都能得到成长，成为自己生命的书写者。我们将通过形成主题式、序列化的家长精品微课资源库建设为个性化需求提供可选择的指导菜单。

三是精准化。教师在开展家庭教育指导工作时要尊重每一位家长，不仅要看见孩子，更要看见立体的家庭，这样才能提供最合适的指导，帮助家长找到最适合孩子的教育方式，提供精准服务。家长遇到孩子出现各种极端情绪问题时，往往出现由知到行不能直接转换的问题。对于有困惑、有需求的家长，学校将结合“全员导师制”，通过开设咨询热线、视频家访、云端访谈、在线陪伴等方式架起理论与实操的桥梁，提升父母解决育儿问题的实践能力。

总而言之，我们将通过家庭教育指导效益的不断提升，让家长深切意识到“尊重信任是船，理解包容是帆，沟通合作是桨，和谐共赢是美妙风景”；积极引导家长从被动接受到主动参与，从关注个体到关怀群体，从焦虑无助到群策群力，从挑剔误解到家校共荣的转变，促进家长育儿的责任意识不断增强，育儿能量持续提升。

二、家校携手，提升课后服务品质

（一）研制课后服务高品质套餐

为实现“1＋1＞2”的共育目标，家校携手建构了“新机制、新路径、新空间、新样态”，有效破解了难题，为学生提供了“均衡营养餐、自助化点餐、个性化加餐”等课后服务“高品质”套餐，并积极探索“作业分层辅导、多元课程指导、健康激励引导”课后服务模式，着力构建“双减”背景下的现代化学校治理的创新模式。

1. 望闻问切四诊法——促使家校同心，确立新机制

“望”，即调研先行，通过开展父母教养方式、“双减”、作业管理、五项管理等全覆盖家长和学生的专项调研，重点了解课后服务的现状、问题和需求。“闻”，即通过课后服务、育儿困惑、家校沟通等专题座谈、个别访谈等梳理困惑点、关键点、突破点。“问”，即通过公微推送、微信研修群、亲子工作坊、亲子团辅、专家讲座等家庭教育指导方式，基于问题，商议研讨，形成共识。“切”，即家校同心，把准方向，建立家校共育、资源共享、精准服务、激励导向等机制提供保障。

2. 加减乘除解难题——促进家校同向，形成新路径

1）“加”沟通，“慧”陪伴

学校搭建“1＋2＋1”全员导师制行动模式，增加导师和家长的有效陪伴，有效依托平台，充分利用课后服务时间，建立精准、高效的五项管理家校共育协作机制。全体教师成为导师，行政和家长代表成为导师顾问团成员。在课后服务时间，导师提供多样化服务，周一至周四提供分层辅导，进行个别化、针对性的引导激励，周五则开展全校性的“亦师亦友”导师活动课。利用“亦师亦友”导师制平台进行作业、阅读、睡眠等五项自主管理，由父母定期作出评价，并提出个性化协作共育需求。

2）“减”压力，“慧”引导

学校确立创新素养培育“五小”成长目标，“主动观察提出小问题、积极互动形成小话题、乐于思辨延伸小议题、深入探讨确立小主题、合作探究剖析小课题”，引导家长激励学生乐学善思，指导学生开展创新课题研究。近两年，学校“智能健康鞋”“手拉手儿童成长互助公益平台设计”等500多个学生课题成果在全国、市、区级创新大赛中获奖，同时，我们也在创读、创玩、创思、创行中有效减轻了学生学业压力，开发了他们多样的才能。在“探秘智能机器人语音识别”主题实践活动中，学校通过“家长讲座、普及知识——浸润学习、感受价值——课堂复盘、形成课题——学以致用、完成项目”等过程，以运用AI解决身边的问题为主题，引导学生积极发现问题、主动学习建

构知识体系并解决问题。

3）“乘”效率，“慧”研究

学校搭建平台，以“夯实基础、兴趣拓展、能力提升、特色发展”为目标，推动家校合作研发、实施课后服务“高品质”套餐，主要包括：“均衡营养餐”，即“亦师亦友”导师活动课程，“创趣园”综合实践活动，“流动美术馆”等项目化学习课程；“自助乐选餐”，即家校携手共同研发的高科“融”课堂家校共育课程，体现五育融合、科创特色的近百门“融·创”兴趣社团课程；“个性化加餐”，即以“思维—实践—创新”为主轴，鼓励学生集思广益、协作探索、创造分享的“融创城 N^+”自主学习空间课程。

4）“除”问题，“慧”行动

针对学生个性化发展的需求及成长中遇到的各种问题，指导家长研发100多门亲子微课，丰富了课程资源，形成了精品课程资源库。同时，家校携手打造亲子阅读特色课程，在“与经典同行、与成长为伴”，活动中每天均有2 000多个家庭坚持参与此项阅读活动。

3. 线上线下建生态，体现家校同力，建构新空间

为促进发展学生核心素养，持续优化课后服务品质，学校结合“智慧校园”建设项目，家校合作研究，积极利用新技术，重塑公共学习空间，按照“理念先行、顶层设计、行动跟进、实践育人、迭代优化”的步骤，融理念、融课程、融教学、融资源、融评价，进一步拓展学生学习空间，满足学生成长需求。

学校积极创设满足学生个性化学习、深度学习的融创生态教育场，强调学习空间的开放性，推进综合课程，引导个性化学习，形成“线上线下衔接融通、课内课外交互共融、校内校外联通融合”的新型课程样态。

学校构建智慧型学习空间，引导学生充分利用课后服务时间，结合“融创城 N^+”“中草药科普实践馆”等主题空间的智能设备，组建学习共同体，激发潜能，培养创新素养。中草药探究课程始终坚持将现代科学技术与优秀传统文化相结合，依托中草药科普实践馆、培乐多种植园等智慧学习空间，形成了基于问题的实践研究项目系列，创设开放、多元的学习情境，拓宽学生眼界、激发学生灵感、挖掘学生潜力、发展核心素养。

4. “1＋1＞2”显成效，实现家校同成长，呈现新样态

家校携手，用心烹制的“课后服务”高品质套餐，使家长发生了“无时间、

无兴趣、无方法”到“有陪伴、有合作、有研究”的可喜变化，最终得到了“形成优质环境、建构优质课程、打造优质团队”的可喜收获。

家校共育，让家长从焦虑无助到高质量陪伴，从迷茫无措到高层次成长，从回避旁观到高效益协作，实现了“1＋1＞2”的开放共治的“双减”新样态。

（二）共建特色课程，合力推进五育融合

1. 共建项目化学习活动

2022年，学校牵头、家校携手，共建了“家门口的中转平台”等若干项目化学习活动。这些项目活动通过引导学生把对校园的牵挂和担忧、对中转平台的“小问号”串起，形成问题链，根据不同年级学生的身心与能力特点，发布了“奥密克戎现形记”“如何准备防疫物资包”等6场精彩纷呈的新闻发布会，吸引了3万多人次在线观摩，社会反响很好。这对学生们来说是一次很好的学习契机，他们也用实际行动体现出对学校的信任和支持。

家长们以导师身份陪伴孩子探究实践、试错打磨、反思改进，在这一过程中也见证了孩子们的成长。“项目化学习考验学生的团队协作能力，各个发言人和小记者的发言内容如何避免重复，主持人如何有逻辑地把前后同学的发言串联起来？”这些都考验着学生们的应对能力。而见证了孩子探究学习过程的刘同学母亲真切地说道：“孩子们在解决这些问题的过程中，通过在线会议等形式做了多番沟通，照顾彼此的优势，统筹分工，这样的团队练习很有裨益。”李同学的母亲说：“当得知学校成为中转平台，我感到非常吃惊，但听说老师们巧妙地将这次特殊任务转化为一次项目化学习，又感到非常惊喜。”胡同学妈妈见证了孩子对项目的投入，深有感触地说：“从个人和社会不同层面去理解面临社会大事件时自己的角色和责任，充分发挥主动性，对孩子们来说是非常有意义的。家门口的中转平台项目化学习不仅让孩子们从科学理性的角度了解了冠状病毒的演变，学会了如何应对疫情，克服心里的疑虑，也从感性的角度发现了这次疫情中的真善美，懂得了如何肩负时代责任感和担当精神。”

2. 打造亲子学习共同体

在促进学生自主学习、激发学生学习主动性方面，学校提出了“家长可

以和孩子成为学习共同体，做孩子的同学，和孩子一起共同学习”。为此学校打造了亲子学习空间，推进亲子共同学习。

学校创设平台，引导家长们把自己放在和孩子同一起跑线上，找到自己可以和孩子一同学习的切入点。例如，学校曾经策划举办“创业大亨”主题课程，这是一个长达一学期的综合课程项目。该课程提出的口号叫“创业、创智、创新”。每个团队模拟组成一个“企业”，学生要经历一个“企业”从筹建、创建、开业到营利的全过程。老师用角色体验帮助学生了解在工作、创业这件事中，一个人需要付出些什么，要胜任自己的岗位需要提前掌握哪些知识和技能，需要遵从哪些规则，并从中增强学生综合能力的培养。为了打造企业的创新点，吸引顾客到自己开设的“企业”中去，从开学开始，各团队就开始了前期筹划，到社会各行业调查、访问、学习技能。家长们在陪伴孩子“创业”的过程中，纷纷表示原来除了学习之外也有多种陪伴方式来陪伴孩子，和孩子一起学本领、学技能。这些促进了亲子之间的情感交流，更新了家长育儿指导的理念和方法。学校创设了这个平台，家长便很乐意在这个大平台上和孩子一起去学习、分享、交流。在父母的陪伴下，学生的学习也更有效。

家长要与孩子形成学习共同体，最需要注意的是调整自己的心态。此时，家长不能再高高在上、发号施令，而是要沉下心来，从孩子的角度来分析问题，用耐心去等待孩子的成长，用细心去陪伴孩子的成长，让孩子成为一个自主的学习者。

3. 共建劳动教育课程

一些家长对劳动教育认识不到位、对孩子劳动教育指导缺失，造成孩子劳动教育途径缺失，劳动教育与价值窄化、家校虽有合力但不全力，从而弱化了学校实施劳动教育的效果，最终影响了学校德育、体育与美育的效果。

针对这种情况，学校提出了“以劳动教育为抓手，家校合力推进五育融合的实践研究”，旨在以劳动教育为抓手，梳理劳动教育与德、智、体、美四育的内在联系；以劳动教育为抓手，融合学校各类课程，明确各年级学生“五育”的目标、途径与评价；以劳动教育为抓手，融合校家社各级资源，明晰家长在此过程中的角色定位；以劳动教育为抓手，说明学校在融合过程中的指导作用。学校探索以劳养德、以劳增智、以劳强体、以劳育美，家校合力推进“五育融合”的新途径（见图 7－1）。

张江高科实验小学五育融合的劳动教育分年级目标体系

- 以劳养德
  - 一、二年级 —— 知道劳动的重要性，明白劳动的意义。
    - a. 在家庭 —— 引导孩子体验家务劳动，知道美好家庭生活离不开劳动。
    - b. 在学校 —— 组织学生在校劳动，引导学生感悟学校环境的美好离不开劳动。
    - c. 在社区 —— 学生在参与社区劳动的过程中，感悟良好的社区环境需要居民共同的努力。
  - 三、四年级 —— 向劳动榜样学习，感受工匠精神，争做“小劳模”。
    - a. 在家庭 —— 观看和劳动榜样有关的纪录片，文章，并在学校教育和社区教育的基础上，引导孩子感受劳动榜样的工匠精神，并运用于自己的学习生活中。
    - b. 在学校 —— 观看和劳动榜样有关的纪录片，文章，参与相关主题的升旗仪式和专题活动等，引导学生感受劳动榜样的工匠精神，向劳动榜样学习。
    - c. 在社区 —— 参与社区相关主题的宣传、体验活动，感受劳动榜样的工匠精神，向劳动榜样学习。
  - 五年级 —— 具有尊重他人劳动成果、团队协作、艰苦奋斗等道德品质，提升劳动素养和责任心。
    - a. 在家庭 —— 在家务劳动，学校劳动和社区劳动的基础上，总结提升，引导孩子在劳动体验的过程中，懂得尊重他人的劳动成果，知道劳动需要协作，劳动需要坚持等精神品质，学会主动为父母分担，践行家风。
    - b. 在学校 —— 设计多样的劳动体验活动，引导学生懂得尊重他人的劳动成果，知道劳动需要协作，劳动需要坚持等精神品质，提升小主人翁的意识。
    - c. 在社区 —— 参与各类劳动体验活动，知道要尊重他人的劳动成果，懂得劳动需要协作，需要坚持等精神品质，提升社会责任感。
- 以劳增智
  - 一、二年级 —— 通过劳动体验，知道不同的劳动工具，掌握基本的劳动方法与技能。
    - a. 在家庭 —— 在家务劳动中，知道常见的劳动工具和劳动内容，并能独立完成其中5–6种劳动项目。
    - b. 在学校 —— 在校园学习的过程中，知道常见的劳动（学习）工具和劳动（学习）内容，并能独立完成其中5–6种劳动项目。
    - c. 在社区 —— 在社区参与的过程中，知道常见的劳动形式，并体验过其中5–6种劳动项目。
  - 三、四年级 —— 通过劳动体验，合作探究学习，掌握较为复杂的劳动方法与技能。
    - a. 在家庭 —— 通过与他人（家长，同伴，教师）等合作探究，掌握如植物养护，家电维修，食材烹饪等较为复杂的劳动技能。
    - b. 在学校 —— 通过与他人（家长，同伴，教师）等合作探究，掌握如3D打印，计算机编程，中草药植物栽培等较为复杂的劳动技能。
    - c. 在社区 —— 通过与他人（家长，同伴，教师）等合作探究，掌握如好书推荐、爱心义卖、照顾孤老、垃圾分类调查等较为复杂的劳动技能。
  - 五年级 —— 在创造性劳动体验中，提升分析问题，解决问题的能力。
    - a. 在家庭 —— 在创造性劳动的体验过程中，提升创新素养，通过改进劳动工具，方法或形式，创造性地解决在家务劳动过程中遇到的实际问题。
    - b. 在学校 —— 在创造性劳动的体验过程中，提升创新素养，通过改进劳动工具，方法或形式，创造性地解决在学校劳动过程中遇到的实际问题。
    - c. 在社区 —— 在创造性劳动的体验过程中，提升创新素养，通过改进劳动工具，方法或形式，创造性地解决在社区劳动过程中遇到的实际问题。
- 以劳强体
  - 一、二年级 —— 参与简单劳动，锻炼手掌小肌肉群，上肢力量和手指的灵敏度。
    - a. 在家庭 —— 通过剥毛豆，择菜、整理书包等劳动技能，锻炼小肌肉群，上肢力量和手指灵敏度。
    - b. 在学校 —— 通过擦课桌、擦黑板、搓抹布等劳动技能，锻炼小肌肉群，上肢力量和手指灵敏度。
    - c. 在社区 —— 通过参与养老院保洁，社区内捡垃圾中较为简单的劳动动作，锻炼小肌肉群，上肢力量和手指灵敏度。
  - 三、四年级 —— 参与多样的劳动形式，增强四肢力量和腰腹力量。
    - a. 在家庭 —— 参与拖地、洗衣服、简单烹饪等多样的劳动形式，锻炼四肢力量和腰腹力量。
    - b. 在学校 —— 参与包干区打扫、植物角养护，一日值日生等，体验多种劳动形式，锻炼四肢力量和腰腹力量。
    - c. 在社区 —— 参与养老院保洁，社区内捡垃圾中较为复杂的劳动动作，锻炼小肌肉群，锻炼四肢力量和腰腹力量。
  - 五年级 —— 组合多种劳动技能，提升身体的协调性与核心力量。
    - a. 在家庭 —— 打扫房间、整理衣橱、能够独立完成几种食材的烹饪，提升身体协调性和增强脑力
    - b. 在学校 —— 体验缝纫，木工等较为复杂的手工劳动技能，参与学校不同区域的劳动，提升身体协调性和增强脑力。
    - c. 在社区 —— 参与社区室内及室外多种公共空间的打扫与维护，如有轨车站，张江河道，社区图书馆等，知道不同区域的劳动要求，并在劳动体验中提升身体协调性和增强脑力
- 以劳育美
  - 一、二年级 —— 在学校、家庭和社区的美好环境中，去发现美，感受、赞美他人的劳动美。
    - a. 在家庭 —— 能够发现家庭中的美，并知道家庭环境美的基本要素和原因，能用自己的方式歌颂美。
    - b. 在学校 —— 能够发现学校中的美，并知道学校环境美的基本要素和原因，能用自己的方式歌颂美。
    - c. 在社区 —— 能够发现社区中的美，并知道社区环境美的基本要素和原因，能用自己的方式歌颂美。
  - 三、四年级 —— 在学校、家庭和社区中，鉴赏劳动美，通过劳动创造美。
    - a. 在家庭 —— 知道家庭环境中，哪些是美的，哪些还不够美，提出合理建议，并尝试用自己掌握的技能去改变。
    - b. 在学校 —— 知道学校环境中，哪些是美的，哪些还不够美，并能提出合理建议，并尝试用自己掌握的技能去改变。
    - c. 在社区 —— 知道社区环境中，哪些是美的，哪些还不够美，并能提出合理建议，并尝试用自己掌握的技能去改变。
  - 五年级 —— 在学校、家庭和社区中，结合科技发展，通过自己的劳动，进一步美化环境，创造美好生活。
    - a. 在家庭 —— 知道未来家居生活的创新趋势，能够结合多媒体技术，人工智能等科技创新手段，改变家居生活。
    - b. 在学校 —— 知道未来校园生活的发展趋势，能够结合多媒体技术，人工智能等科技创新手段，打造更美好，更科学的学习环境。
    - c. 在社区 —— 知道未来社区生活的发展趋势，能够结合多媒体技术，人工智能等科技创新手段，打造更环保宜居的社区环境。

图7-1　张江高科实验小学五育融合的劳动教育分年级目标体系

在实施中，学校指导家长做好校内合作，参与劳动教育校本课程的开发设计，活动后配合学校完成评价，并提供居家亲子劳动建议，与孩子共同开展亲子居家劳动，帮助学生掌握安全劳动、高效劳动、创造性劳动的方法与技能。

学校研发制定《张江高科实验小学学生家长"五育"分年级指导手册》，为各年级家长开展劳动教育提供家庭指导，同时对于有困惑、有需求的家长，结合"全员导师制"，通过开设咨询热线、视频家访、云端访谈、一对一定制等方式为家长提供个别化辅导，以帮助家长掌握家庭教育方法。在具体指导过程中，目标指引下的分层化指导、全员导师制的精准化指导和以学生、家长为对象的主题式微课菜单——个性化指导就是学校指导家长，促成家校合力的三大创新之处。以上三条策略转变了家长对劳动教育的认识，提升了家长对于培养学生劳动教育的意识和能力，达到了家校携手增强教育实效的目的。

表 7-1 张江高科实验小学五育融合的劳动教育分年级目标体系

	一、二年级	三、四年级	五年级
以劳养德	知道劳动的重要性，明白劳动的意义	向榜样学习，感受工匠精神，争做小劳模	具有尊重他人劳动成果、团结协作、艰苦奋斗的道德品质，在劳动中提升劳动素养和责任心
以劳增智	通过劳动体验，知道不同的劳动工具，掌握基本的劳动方法与技能	通过劳动体验、合作探究学习，掌握较为复杂的劳动方法与技能	在创造性劳动体验中，提升分析问题、解决问题的能力
以劳强体	参与简单劳动，锻炼手掌小肌肉群、上肢力量和手指的灵活度	参与多样的劳动形式，增强四肢力量和腰腹力量	组合多种劳动技能，提升身体的协调性与核心力量
以劳育美	在学校、家庭和社区的美好环境中，去发现美，感受、赞美他人的劳动美	在学校、家庭和社区中，鉴赏劳动美，通过劳动创造美	在学校、家庭和社区中，结合科技发展，通过自己的劳动，进一步美化环境，创造美好生活

第二节　融美乐创之校社联动

学校地处被称为“中国硅谷”的上海市浦东新区张江高科技园区腹地，园区内有中国超级计算机中心、张江人工智能岛等全国一流的科技园、产业园。这里汇聚了各种国家级研究院，拥有浓厚的科技创新氛围、便捷的科技创新实践场所，在创设丰富多样的学习应用环境方面具有显著的优势。

学校、社区这两大教育主体既相互独立又相互依存，实施资源共享、精诚合作是两者共同发展之路。社区中的企业拥有众多学校没有的资源，包括体验类资源、应用类资源等。

一、走出校园，社会实践促成长

走出校园、走进企业的社会实践活动有利于开阔学生的视野，丰富学生的知识、培养学生的动手能力、增强责任感、重新审视并确立同学关系和师生关系。因此，学校不仅在一些校本课程实施中，鼓励教师带领学生走出校园，获取更多的知识，还与企业、高校等社会单位共同创建了一系列的社会实践活动，共同促进学生成长。

(一) 丰富校本课程实践

在学校特色“人工智能”课程项目活动的开展中，走进相关企业(见表7-2)开展参观和实践，有助于学生进一步地认识当前技术的发展现状，激发学生对未来技术的创新思考。可供实践企业资源可分为两类，分别是人工智能技术企业和非人工智能技术企业，这两类企业在学生实践过程中的功能存在差异，但都能够对人工智能项目活动的开展带来帮助。人工智能技术企业的实践活动有利于学生了解技术的发展方向、认识技术的应用场景、科普技术的基础概念；非人工智能项目活动有利于学生了解当前的社会发展趋势、了解具体的真实生活问题、激发潜在的科技创新灵感，并为人工智能

表 7－2 社会实践活动基地清单

序号	地 点	序号	地 点
1	上海中医药大学百草园	7	上海超级计算中心
2	上海中医药大学博物馆	8	上海动漫博物馆
3	上海微创医疗器械(集团)有限公司	9	张江展讯中心
4	霍尼韦尔公司	10	孙桥现代农业园区
5	浦东国际机场	11	张江敬老院
6	张江人工智能岛	……	

项目活动的开展创造真实的应用情景。

随着张江科学城定位和目标的明确，张江地区的科技创新实践基地被进一步梳理，园区中各个科技创新企业的科创资源被进一步开发和开放。借此契机，学校与相关企业取得联系、达成共识，组织学生走进企业开展社会实践活动，拓宽了学生的学科视野，进一步丰富了人工智能项目活动的内容。

(二) 共同构建特色课程

为帮助学生更广泛地接触社会、开阔视野、丰富成长体验，学校挖掘社会资源，校企联手，共同开设了一些社会实践活动课程。

1. 共建社会实践活动

在学校的沟通下，社会、企事业团体为学生们开放场所，开设了一系列社会实践活动，让学生有参与社会体验的经历，激发了学生的创新思维。

如在参观磁悬浮列车与浦东国际机场特别活动中，全体学生在教师和家委会委员的带领下，一起来到磁悬浮轻轨站，共同体验磁悬浮的快速和便捷，参观了浦东国际机场。学生们隔着大厅的窗玻璃近距离地看飞机，观赏飞机的起飞与降落，感受时代的脉搏。在浦东新区青少年素质教育实验基地育华学校，学生们参观了多个校园基地并进行实践体验，如体验止血、心肺复苏等紧急救护方法。最让学生感到兴奋的是，他们还化身“农耕小学者”，在小菜园里学习分辨各类农作物，亲自动手嫁接蟹爪兰，体验现代农业科技。结合“中草药”课程的学习，学校带领学生走进上海中医药大学，了解博大精深的中医药文化，领略“百草园”的各种植物，认识它们，知道它们的特点和药性。在上海中医药大学，学生们品尝“酸、甜、苦、辣”四味茶汤，了解它们的性能；在实践馆，向老师们学习香包的制作，了解各类香包的用途，以及香包中各类草药的药用作用。同学们在上海中医药大学认真聆听，巧手绘制茶汤、香包，体验中医药的劳动智慧，感受中医药文化，立志传承中医药文化。

2. 共建职业体验课程

学校充分利用社会上的各类劳动教育资源，校社通力合作，开展了一系列别具特色、丰富多彩的职业体验微课程，使学生获得真切的职业体验。

学校充分利用社区、家委会资源，携手中科院的化学“大咖”，带领学生探寻自然界背后的奥秘。“大咖”们将一些简单易操作的化学实验课搬进课堂，开展了“化学魔壶”“食物中的化学”等一系列有趣的科学实验。在实验中，学生们了解化学常识，知道物质的变幻，感受化学的神奇魔力，打开了通向科学和未来的“传送门”，希望成为一名“高科小小化学家”。

学校还与中国商用飞机有限责任公司合作，开设了“航空知识讲解”“飞机微模手工课堂”“户外航模知识”等系列课程。这些课程不仅专业性强，更是趣味盎然，学生们在欢乐的探索与研究中，收获了许多飞行工程方面的知识，共同解开了航空航天的奥秘。在系列课程体验中，学生们开动脑筋、解开机翼与飞行的秘密，积极探索，不断实践，用一双双巧手设计心中的理想飞机模型，有的学生还立志成为一名“高科蓝天梦想家”，构建自己的“蓝天梦”。

二、引入校园，企业资源优育人

与学生走进企业的实践活动相对应，将企业的部分优秀资源引入校园则是另一种校企联动的重要途径。尽管社区中的企业能够提供大量且丰富的资源，但碍于学校的空间、资金等方面的限制，怎样选择资源、用好资源是学校所要面对和解决的重要问题。

企业资源在开发的过程中往往是以产品功能为导向的，这与学校以育人功能为导向的活动设计思路存在差异。因此，在选择资源的过程中，我们首先需要考虑所选资源解决了当前活动中的什么问题。例如在人工智能项目活动中，企业资源应该要能够满足学生在人工智能项目活动中深入研究的需求，能够将人工智能的技术知识以深入浅出和技术可视的方式呈现在学生面前，例如，将计算机视觉、语音识别、语音合成等技术以直观、可交互、可编辑的方式呈现在学生面前，让学生不仅可以简单地玩“人工智能”，同时能够从中“看”到技术的实现过程，解决日常教学中难以解决的问题。

企业由于在产品文化、技术功能、应用场景等方面有推广的需求，在功能描述上往往有其针对性，多描绘其在产品开发中的设计场景和潜在的用户需求。但是从学校的视角看来，引入资源的目的更多是启发学生对未来发展的综合创想和思考，而不是某一技术在某一领域的具体落实。例如无人驾驶汽车中的激光雷达环境侦测和防碰撞技术，虽然该技术目前被广泛用于智能辅助驾驶中，并且具有较高的技术价值，但是从教育的角度来看，这种技术的本质功能可以通过诸如智能机器人、开源硬件等更简单的项目活动解释和实现，并且学生参与学习的成本和难度更加低廉。

那么，如何让学生真正深入地体验这些资源呢？企业开发产品通常以功能的完整性和稳定性为诉求，其系统往往存在高度的封闭性，使用者无法轻易地拆解、修改和调用产品资源的大部分功能。因此，引入学校的企业资源，其功能不应只局限于简单的观看、体验、操作等停留表面的交互行为，更应该融入具体的学习活动中，为学生提供更加深入探究和学习的平台。例如自动导航带路机器人就是一种典型的含人工智能技术的科技产物，常见的导航机器人具有非常高的集成度，虽然功能丰富且能够表现人工智能的应用场景，但学生无法对其展开深入学习。比如机器人绘制学校虚拟地图和基于虚拟地图进行路径计算等过程都体现了人工智能技术，但学生在体验的过程中并不能直接接触、观测或修改其中的核心内容，而只能简单地看个热闹，这样的资源显然不能满足学校活动的育人目标。

因此，学校对张江地区及周边的相关技术企业进行走访洽谈，结合学生需求，为学生提供更具现代化的技术平台支撑，先后引入诸如中草药科普实践馆的声阅智能机器人、人工智能图像模块、人工智能语音助手等企业资源，进一步丰富了活动的内涵。以学校中草药科普实践馆新引入的声阅智能机器人为例。这个机器人以 AI 语音交互及多模态交互为主要形式，搭载了百度 AI 技术，包括语音识别、理解与交互 UNIT 及自然语言处理、知识图谱 Schema 等，满足了智能语聊、多模态交互等需求。在课堂上，学生可与机器人进行语音交互，在实际场景中学习到语音识别、理解与教育 UNIT 及自然语言处理等工作原理和相关知识点。

第三节　融美乐创之协同共育

一、协同共育，构建育人共同体

学校在协同育人方面，主要从以下几方面着手。

（1）党建引领，加强组织建设。构建“党组织领导、校长负责、多方参与、协同共育”的治理格局，构建校家社共育工作委员会、各级家长委员会，统筹协调社会组织、社区、企业、家庭、学校，凝聚育人合力，共同促进学生健康成长。

（2）强化队伍，集合多方力量。凝聚家庭教育专家和相关社会人士，组建家庭教育指导师队伍、好家长志愿者、社会教育联络员等特别小组，开展校家社协同育人活动，引领家长、老师、学生共同成长。

（3）丰富课程，专业引领指导。丰富家长学校课程，创新家庭教育指导内容，积极探索家庭教育指导的新途径和新形式，营造良好的家庭教育环境。

（4）引进资源，丰富合作形式。利用社会场所开展学生实践活动，丰富学生成长体验。引进丰富多彩的课程活动，丰富课后服务形式。加强校企合作，优化校园环境，推进智慧校园建设，促进学校发展。

二、技术赋能，联通校内校外

（一）校际联动，合作共赢

一是依托“学区化和集团化办学”平台，加强校际联动，实现合作共赢。

学校践行“跨学科教研助力深度学习”的理念,不断深化、优化“中草药探究”特色课程,通过开展“中草药课程宣讲”活动,开设“传统吟诵”专题讲座,承办“中草药课程与语文学科跨学科研究实践”的学区化教学区级展示活动,开展思政一体化研究等,与学区内老师共享成果和经验;鼓励教师积极参与二中心集团轮值、展示、研讨、工作室建设等各项活动,明确了以“发展每一位师生,办好每一所学校”的核心理念和“开放共融、合作共创、发展共赢”的集团宗旨,初步形成了“三共四动六联”的管理机制,体现了“校际协作,共研共享,整体提升,协同发展”的良好局面。

经上海市师资培训中心、浦东新区党校和区教育局推荐,学校连续承担西藏日喀则市“影子校长”“影子教师”来沪跟岗培训项目;承担赴英数学交流项目,与井冈山黄坳实验小学、河南省实验小学、大连西岗、金山区海棠小学、青浦区教院附小等10余所学校建立校际合作机制,合作交流,共谋发展;接待国内外教育代表团以及国内各省市校长、骨干教师来校考察、交流,共话教育。

(二)家校联动,精准育人

1. 优化线上家校互动机制

学校不断完善三级(校级、年级、班级)家委会的管理制度与岗位职责,建立保障家校互动的一系列制度,充分发挥学校家委会作用和力量,组织学校义工队伍开展教育活动,在“校家社共建项目”,“家校合作微型课程”建设,学校上学、放学的校门口管理等工作上发挥了重要作用;优化三级家委会服务功能,设立各类部门,为家长提供更多参与学校管理教育的契机,凝聚学校、家长、社区等各方资源,助力学校发展;积极探索并构建“高科实小家委会”微信公众号、学校办学问卷(家长)、线上与线下家长体验课堂、“高科父母云课堂”、“高科才富成长营”、《学生“劳动教育”分年级指导指南》,打造家校共育体系。

学校依托“亦师亦友”全员导师制线上平台,持续优化在线全员导师制与相关管理机制;结合校园大数据,精准分析每位学生的学习及生活存在的问题,帮助学生更好地查漏补缺,结合虚拟数字人技术,疏导学生心理,探索导师制新模式；精准分析班级学生、年级学生及全校学生存在的普遍问题，及时与家长沟通，建立基于学生普遍问题的分类育人模式，调整德育课程体系与家庭教育指导，丰富德育途径，探索大规模的全员育人。

2. 建设汇聚校家合力家校共育空间

学校结合高科实小家委会微信公众号构建家校共育空间，实现三级家委会运行、家校互动、家长学校等的线上化，完善线上家校共育机制，强化学校家庭教育工作指导，丰富家长参与学校管理的途径，实现高效育人；组织线上交流会、线上讲座、线上调查等活动，获取家长成长需求，提供高质量的指导服务，丰富高科父母云课堂建设，构建家长阅读空间；与家长携手，共同开发丰富多彩的特色课程、特色活动、亲子实践等活动，持续丰富高科融课程，并纳入学校“万花筒$^{+}$”校本课程体系，推进学校课程建设。

（三）校社联动，协同育人

1. 建设融通校内校外的社会学习空间

学校与社区优秀教育场所广泛联系，搭建区域资源平台，与上海中医药大学博物馆、张江展讯中心等单位签订了共建协议，各家单位在实践场馆、教师培训、学生辅导等课程实施环节上提供人力资源的支持。学校充分利用张江高科区域的科技产业园、行业龙头企业等优质资源，开展职业体验课程与社会实践活动，丰富学生学习体验与人生经验。

为发掘更多的校外育人场所，学校与博物馆、图书馆、艺术馆等校外优质教育场所共建资源学习平台，持续更新课程资源、学习资源，将校外资源与学校课程平台、资源平台等相关联，构建融通校内校外的社会学习空间，为学生搭建校外学习空间及实践空间。学校联合区、镇、社区与家长，共同开发社会实践活动或亲子微课程，丰富学生实践体验，开拓亲子共育，融通校家社共育；挖掘校外教育资源，积极引进校外优质课程，纳入学校“万花筒$^{+}$”校本课程体系，推进学校课程建设；有效利用校外资源发展教师队伍，通过各级各类培训活动、集团交流活动、社会交流活动等丰富教师培训形式；通过慕课大学等课程平台、社会教师培训机构等丰富教师专业成长途径，助力教师成长。

2. 积极利用企业服务促进校园信息化发展

学校是为国育才、为党育才、为社会育才的重要场所，而企业则是新兴技术的掌握者、引导者与推动者，校企合作能够促进校园信息化的发展。

学校应关注企业，尤其是高新技术企业中信息设备发展，适当配备硬件设施，配齐教育数字终端，推进教育新基建，打造教育数字化发展新环境。加强校企合作，“构建基于 5G 等技术的‘云—网—边—端’一体化基础环境，加快学校全面感知物联网基础设施配置，加强教育信息化的网络安全保障，推进智慧学校、智慧实验室建设，建设教育现代化动态监测网络、教育决策智能化支持系统”①。

学校应关注新兴技术的进步，利用教育科技企业“探索基于人工智能的探究式、个性化学习，基于增强现实和虚拟现实等技术的沉浸式、体验式教学，基于 5G 的远端多点协作式教学，深化线上线下教育融合和创新”②，重点探索“课堂教学 1 加 1”(线上资源赋能线下教学)和“课外辅导 1 对 1”(基于智能技术的个性化辅导)应用。

高科实小个性化推进“政府定标准、搭平台，企业做产品、保运维，学校买服务、建资源”的新型信息化建设模式③，落实政府标准，研究确定校本化的产品内容与服务标准，使企业的产品与服务更加切合学校发展需求，打造个性化教育教学应用系统。

高科实小创新资源建设模式，吸引社会力量参与校本教学资源建设，满足多元数字化教育需求；引导学校教师研究建设学科知识图谱，借助社会力量探索基于知识图谱和学习数据分析的智能学习资源推送、自适应学习辅导、个性化学习指导等应用，开发基于人工智能技术、以关联知识图谱为核心脉络、充分运用虚拟现实和增强现实技术的新型课程资源。

---

① 上海市人民政府关于印发《上海市教育发展“十四五”规划》的通知[EB/OL].(2021-08-27)[2022-10-10]. https://www.shanghai.gov.cn/nw12344/20210827/3eb4bdfdfe014bbda40f-f119743b74f0.html.

② 王星.“未来学校”已来，大规模“因材施教”理想照进现实[N].文汇报，2021-12-22.

③ 上海市人民政府关于印发《上海市教育发展“十四五”规划》的通知[EB/OL].(2021-08-27)[2022-10-10]. https://www.shanghai.gov.cn/nw12344/20210827/3eb4bdfdfe014bbda40-ff119743b74f0.html.

第八章

向美而长，融美乐创的学生发展

美是纯洁道德、丰富精神的重要源泉。向美而长，即坚持以生为本、以德树人，把育德作为素质教育的首要任务，构建学校德育体系，创设美的教育环境，扎根时代生活，面向未来社会，建设有利于促进和发挥美育功能的校园环境，营造包容、多元、向上的文化氛围，引导学生深刻地理解科学求真、人文求善、艺术求美的内涵，在自然之美、文化之美、科学之美、生命之美中丰富思想、塑造品格、汲取力量，一生向美而行。

学生成长是学校教育的核心。在办学实践中，我们格外重视学生的生命成长，在培育学生综合素养的同时引领学生感受世界、感悟生命，用心呵护学生身心健康，让他们对世界充满爱、对未来充满希望、对生命充满敬畏、对他人充满感恩，做有理想、有本领、有担当的阳光少年，成长为心中有爱、眼中有光、行动有力量的未来创造者。

第一节　融美乐创之德育体系

一、协同融合，助力成长

（一）完善管理机制，形成融合共育的管理网络

学校建立了以书记/校长为引领，校级家委会、镇政府社建办协同，由党政融创中心、课程创新中心、学生发展中心、教师服务中心等配合实施，体现

融合特点的德育工作队伍。通过健全德育管理机制，明确岗位职责，定期研究、分析学校德育工作情况，共同挖掘德育资源，落实学校德育目标，我们逐步形成了学校、家庭、社区联动，线上线下互通的德育工作网络和运作机制，确保了各项德育工作全面深入的开展，形成了人人都是德育工作者的管理网络（见图8－1）。

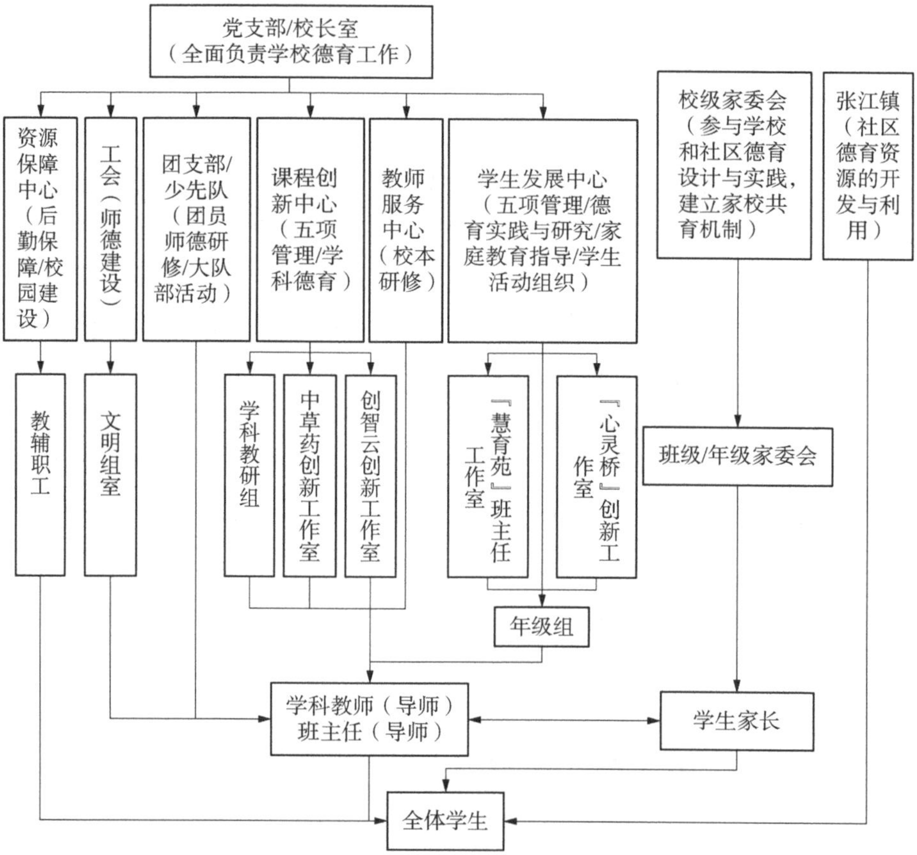

图8－1　张江高科实验小学德育工作管理网络

（二）校家社携手育人，打造联动共建的育人同盟

学校不断完善三级（校级、年级、班级）家委会的管理制度与岗位职责，建立保障家长联系渠道畅通制度等一系列保障家校互动的制度；定期组织家委会改选与校级家委会成员履职情况考核、召开新学期工作会议与考评

表彰活动；定期召开全校家长会，分享家庭教育好方法，开展“高科父母云课堂”，充分发挥学校家庭教育指导功能。根据家长和学生成长的需求，学校开设了心理健康专题的“亲子成长工作坊”，结合市级家庭教育重点课题的“劳动的快乐”等专题开展了家庭教育指导活动，围绕 PBL 德育项目化活动做了指导交流。

在多元开放办学的理念指导下，家校携手共同丰富高科“融”课堂课程。以家长的专业学识背景和学生的兴趣为导向，学校开设了“优秀传统文化”课程，如“假如唐诗是一个故事”“初识夏商周”等；“红色传承人”课程，如“五星红旗——我的骄傲”“中华体育精神”等；“科技创想”课程，如“电池的前世今生”“电与磁之电机”等；“劳动创美”课程，如“木工之美”“叠叠大闯关”等，总计 100 多堂课。

学校开发了“高科才富成长营”家庭教育激励积分机制，携手上海外国语大学的家长深化“高科亲子‘悦’读”亲子教育品牌项目等建设，积极构建“多元、开放、统整”的立体化育人格局。我们创建了“高科实小家委会”微信公众号，定期发布学生午餐菜谱；开通了“家长留言信箱”，发布家长志愿者招募等活动信息。如此实现了家长与学校信息沟通的双向流动。此外，每个班还建有“家长互助群”，家长们可以在群里分享自己家庭教育过程中的好做法或疑问，还可以直接联系家委会，为学校办学献策献计。

校家社协同融合，借助多个途径积极构建“多元、开放、统整”的立体化育人格局，为学生健康、和谐、全面成长助力。学校开展了“以劳动教育为抓手，家校合力促进五育融合的实践研究”等多项家校项目，凝聚家校合力，共同促进学生劳育的发展。学校联合镇政府、社区与家长，为学生开发了“追寻红脉，传承精神”“科技微课，融创乐享”“劳动尚美，奠基未来”“赋能幸福圈，相伴成长路”等亲子线上课程 200 多节，线下社会实践活动基地 60 多个。

二、关注队伍，形成专业化的德育工作团队

（一）落实全员导师制，人人参与学校德育工作

学校建立导师职责和导师顾问职责等激励导向制度，结合导师的五大

职责，根据学生的认知水平、人格意志、个性发展等梳理出低中高三个年段导师制工作的目标，坚持实施“四心”导育策略：暖心抚慰、用心服务、尽心扶持、细心辅助，以此守护每一位学生的生命成长。

导师顾问团队由全体行政组成，全覆盖深入班级，从学生日常规范、心理健康、学业进步、品德修养等方面多维切入，与导师定期商议，了解困惑需求，分层梳理问题，共研共议对策、积极回应帮助，共同护航学生成长。

我校自主研发的“亦师亦友”全员导师制线上平台构建了温馨的“云端导师工作室”，建设了“心语心声”“成长寄语”“心情故事”等栏目板块，方便导师对学生进行一对一、一对多的个性化关心及辅导，提升学生的集体归属感和自我认同感；“学期目标”“精彩活动”板块记录学生与导师的互动信息、导师组带领的精彩纷呈的集体活动，学生的自我目标及实现情况等，充分展示全员导师下的学生成长轨迹。为促进学生在五项管理方面的自主管理能力，我们在“云端导师工作室”还研发了一个重要功能，引导学生比照排查、自我评价，家长定期奖星评价，导师罗列问题清单，跟进精准指导，以此切实将五项管理落到实处。

充分体现“玩中学”“乐中智”“学中乐”的周五导学活动课让全员导师制落地生根，有针对性地引导学生思想、疏导学生心理、指导学生生活、探索学习方法，让每位高科学子都有属于自己的良师益友。

（二）倡导“智慧”育人，提升班主任实践研究水平

学校依托“小学生问题行为干预与支持系统构建的实践研究”“以劳动教育为抓手，家校合力促进五育融合的实践研究”等德育课题的引领，成立了“慧育苑”班主任工作室，定期组织有关班主任师德师风、班（团）队活动课设计与实施、班级管理实效、家校沟通、特色班集体创建等方面的学习研讨活动。

为进一步完善班主任工作绩效考核制度，我们定期开展优秀班主任评选，激发班主任工作积极性，逐步形成了一支专业的班主任教师队伍。在班主任发展中我们还特别重视打造班级特色文化，发挥班集体的凝聚力。学校以温馨教室建设为抓手，开展“一班一特色”的班集体建设活动，鼓励学生

自主打造班级个性文化，包括个性化的队名、班级口号、班级育人目标、特色活动、特色角、墙面文化的布置、班级氛围的内涵、班级班规、班级特色家庭教育活动的落实等。

三、多元融合，优化德育课程内涵品质

（一）坚持调研先行，发挥道法课堂主渠道作用

学校结合“倾听你的声音”教师调研工作，梳理道德与法治教师发展现状，了解学校道德与法治学科教师的发展需求，依据《小学“道德与法治”教学基本要求》和新课标的教学要求，以学校中草药植物探究课程和科创课程特色为融合点，开展“基于中华优秀传统文化的议题式教学”“以课后拓展活动为突破口，贯彻五项管理”等教研组研究，不断提升道德与法治教师教育教学水平，充分发挥道法课堂在学校德育工作中的主渠道作用。

（二）推动学科育德，增强学科课程的育人实效

各学科教师在课堂教学中有意识地将遵纪守法、健康成长、绿色环保、文明友善，尊师敬长、家庭责任等学科共性或个性的德育内容进行分解与渗透，力争多途径浸润，发挥学科育德功能，帮助学生养成良好的生活习惯，形成积极健康的德行品质，逐渐承担起家庭和社会的责任。

学校教师还积极开展融合学科育人特点的项目化活动。2021 年 9 月，我校美术组开启了“流动美术馆”学科项目化活动，并在当年的年底做项目总结与展示，获得了与会专家的一致好评。该项目引导学生从外在成长的“被动”，转变成内在自觉的“主动”，从“要我成长”的起步阶段，逐步迈向“我要成长”的自我成长需求，充分体现学校“融美”的课程理念。

（三）聚焦融创育人，体现综合实践活动课程的德育价值

学校重视在综合实践活动课程中融入德育教育。在“融・创”文化的引领下，学校将国家课程中的“创趣园”综合实践活动以及校本课程中的“中国

心、智能造、宜居港”三大主题课程相融，突出德育为先、五育融合的教育理念。在此基础上，学校以提升学生综合素养与综合能力为导向，构建了一套基于“五小”成长阶梯的校本德育课程体系（见表8－1）。

表8－1　基于“五小”成长阶梯的校本德育课程体系

年级	创新思维	创新实践	创新人格
一年级能问“小问题”	能突破常规思维的界限，做到敢于提问，乐于提问，勤于思考，善于思考，初步培养问题意识	能从新颖性、独创性、科学性、应用性等角度提出有价值有意义的问题，初步了解、掌握解决常见问题的方法，善于观察记录	激发求知欲和好奇心，养成在学中问，在问中学的良好习惯
二年级能提“小话题”	提升探究问题、勇于探索、大胆求证的内在动力，能围绕话题提出一定的想法，能思考并提出与众不同的解决方案，锻炼思辨能力	联系生活、关注生活，捕捉研究题材，在话题情境中，激发探究兴趣，能将问题生成话题或发现热门话题，了解话题背后的研究作用，延伸话题之外的探索实践。通过小报、绘本、手账本等方式予以呈现	以开放的心态、在交流实践中，培养自信，体验探究的快乐
三年级能谈“小议题”	发现生活中值得探讨的议题，初步培养独立思考意识，养成多角度、多方位思考问题、辨析话题的习惯，逐渐培养学生的发散思维，进而为学生创新思维的形成打下基础	通过资料查阅和研读、调查研究、议题分析和实践探索，能从不同角度对问题或话题提出自己的见解并大胆表达，会用思维导图	面对问题勇于挑战，不畏惧失败，能认真倾听他人意见，也能以超常规甚至反常规的方法、视角去思考解决问题
四年级能讲“小主题”	围绕生活中的话题，能提炼感兴趣、有研究价值的系列问题，以新颖独创的方法解决问题的思维过程，形成研究主题，逐步培养学生深度思考的聚合思维能力	围绕主题，能通过预测假设、方案设计、问题解决、创意物化等，开展融合学科知识与生活实践的主题研究。参与并投入产生新颖且有价值的成果的实践活动，能完整地表达自己或团队的认识、思考和实践经验，并通过手账本等方式记录、分享实践成果	遇到困难和问题能懂得坚持，通过团队合作寻求帮助，并与伙伴共同寻找方法路径解决问题。具有自信、乐观、向上的积极心态，乐意分享成果

（续表）

年级	创新思维	创新实践	创新人格
五年级能做“小课题”	能初步以科学的方式围绕一个问题开展研究。产生新颖、独到、有社会意义的思维成果，提升问题分析能力和创造性思维能力	通过自主提出问题，确定研究课题，设计研究方案，制订研究计划，收集、整理、分析资料，撰写报告等途径，模拟课题研究的情境，综合已有的知识，亲身实践，获取直接经验，尝试解决问题并形成独特观点或成果	在体验研究的过程中，能主动帮助他人培养研究意识、合作精神和人际交往能力，培育社会责任感和世界眼光

（四）紧抓教育契机，构建活动育人的“融创”新模式

学校紧扣育人总目标，以项目化活动融合原有的专题教育、春秋实践活动、仪式教育、社会实践、社区服务、六大领域节庆活动等课程内容，围绕时代教育热点，开展了中华人民共和国成立70周年主题的“礼赞新中国，奋进新时代”、中国共产党成立100年主题的“红船启航，传承红脉”、冬奥会主题的“幸福‘童’奥会”等德育项目化系列活动，逐步建立起“主动参与、自我教育、自主发展”的学生自主发展模式，并积累了丰富的活动经验。

紧抓时代热点、双导师制、全员参与＋核心团队、大主题下的子项目群等活动设计理念，成为学校创新活动育人模式的关键词。

（五）依托课题研究，以“劳”促“五育”取得新进展

学校的劳动教育依托市级课题“以劳动教育为抓手，家校共育促进五育融合的实践研究”也取得了新进展。学校通过问卷的方式，了解目前劳动教育在2000多个家庭中的开展的情况、家长对于劳动教育的认知情况、家长对于自身在劳动教育中的角色定位，以及家长对劳动教育作为促进五育融合的途径与方法的认识。依据调查结果，课题组先是开展了“劳动教育”与“德、智、体、美”的融合点的研究，制定了分年级目标，然后设计了包含家庭、学校和社区3个板块12个主题的60多个分年级家庭劳动教育指导案例，保障公益劳动、社会服务、社会考察等实践活动的参与面，活动时间和形式多样。

四、激励赋能，促使高科学子全面健康成长

（一）融合多元评价，提高学生自主管理能力

学校提出了“融合教学与评价，夯实基础与规范”的行规教育工作方针，在日常教学上，融合每日中午的专题教育课、高科“融”课堂以及道德与法治、自然等学科中的行规教育元素；在管理与评价中，融合期末班主任绩效考评、少先队值勤工作、“高科才富成长营”，全面进行全校学生集体与个体相结合的行规检查与评比、总结和反馈，引导学生自己发现问题，教育自己的伙伴，提升自主管理能力，做到有落实、有考核、有评价；在特色创建中，融合市级劳动教育课题，依据分年级要求，指导家长有意识、有方法地在家庭和社区的教育场中，对学生生活、学习、人际交往和秩序遵守方面进行引导。

学校还将少先队入团、入队、雏鹰争章等主题活动有机整合，通过少代会“文明礼仪金点子”提案征集，通过“防疫小先锋”新闻发布会，在礼仪章、自理章等分年级的雏鹰争章活动和少先队系列实践活动中引导学生自我认识、自我体验、自我评价、自我发现，不断提升行规教育实效。

（二）探索智能评价，落实学生综合素质评价

学校将德育工作与“高科才富成长营”智能评价体系深度融合。学校以“以德为先、素养导向、全面发展”为理念，构建了“高科才富成长营”评价体系，通过积分制，体现激励为主，充分激发了学生的发展动力。在评价体系 50 项内容中涉及学生的德育类指标有 20 多项，突出了“德育为本”“以德为先”的育人理念，对学生的生活习惯、学习习惯、人际交往、德育活动参与、遵守公共秩序情况等进行多维度评价，作为学生“个人成长画像”的生成依据和教师开展针对性教育的依据。

第二节　融美乐创之全员育人

在“三全育人”理念指引下，教育综合改革实践全面推进。2018 年上海被列为国家教育部首批“三全育人”试点省市，并提出构建“三圈三全十育人”的工作体系，旨在统筹协调学校、家庭和社会的育人资源，建立健全“三全育人”长效机制，着力推进全员导师制的深化实施。

一、势在必行，积极推进

上海在 2020 年启动实施全员导师制的试点工作。虽然不是试点学校，但高科实小也从 2020 年下半年起紧跟试点校的步伐，启动了全员导师制的实践探索，主要是基于以下几方面的思考。

（一）基于现状，把握契机，顺势而为

高科实小地处浦东新区张江科学城，是一所充满活力、快速发展的学校，然而在办学实践中也发现存在一些实际问题：首先，班主任要兼顾较为繁重的教学任务和繁杂琐碎的班级管理工作，对于全班 40 多名学生的思想教育工作有时会无暇顾及、疲于应付，造成教育方式简单化，这就弱化了教育的部分功能，造成班主任独自承担育人重担的弊端日益凸显；其次，学科教师中存在“重智轻德”的思想，认为教学工作是“生命线”，也是“硬任务”，必须不折不扣完成，而教育引导工作则是可有可无的“隐形线”，也是与自身关系不大的“软任务”，应该由班主任负责，因此未能形成“人人都是德育工作者”的育人氛围。同时，家长也普遍重视学生的学业质量，而对于学生精神领域的关心、内心世界的关怀、兴趣特长的关注等方面则较为缺失。基于以上几方面的现状，我们认为：上海市全员导师制的试点推行无疑是一次撬动育人方式变革的宝贵契机，学校有责任“早起步、走小步、不停步”，顺势而为，积极行动。

（二）基于需求、把准方向、有所作为

学校每年都会通过“倾听来自你的声音”专题调研，全覆盖听取家长对于学校办学的真诚意见和宝贵建议，从中也深切感受到家长对于高质量教育的热切期盼，而“三全育人”理念下的全员导师制的推进实施，是唤醒生命成长能量、满足学生发展需求，强化教师责任担当、促进教师育人素养提升，优化协同共育机制、建构高品质教育生态，实现立德树人根本任务的重要途径，需要我们与时俱进，把准方向，用能落地的改革实践去积极回应，有所作为。

（三）基于发展、使命担当、大有可为

高科实小在办学实践中秉承“人人有自信、处处有合作、天天有追求”的办学理念，坚持“教育是一种生命能量的唤醒”办学主张，在新一轮学校发展规划中明确了培育“心中有爱、眼中有光、行动有力量的未来创造者”的育人目标，而未来创造者须具备正确价值观、关键能力、必备品格以及创新素养，为此学校变革势在必行，育人的理念、要求、方式、途径转型势在必行。全员导师制是符合教育本质、回归教育初心的必然要求，是促进教师专业发展的必然选择，更是新时代背景下赋予教师的新要求和新挑战，赋能成长，大有可为。

二、因地制宜，校本实践

“三全育人”理念指引下全员导师制的落地实施，难点在于如何提升育人主体的责任意识和担当意识，协同育人主体的力量，打通各育人环节，形成强大的育人合力，从而克服育人中存在的盲点、断点和脱节问题，这就需要一系列撬动变革的有效机制来助力破解难题。

为充分发挥主导作用，学校顺势而为，构建实施“1234567 共育交响乐”导育机制（见图 8－2），即：确立一个目标，明确两大职责，搭建三个智能平台，实施四种策略，落实五项内容，依托六大途径，提供七大保障，用能落地的切实行动积极回应，有所作为。

图 8－2　学校“1234567”导育机制结构

（一）明确导育目标与职责

学校全员导师制的推动实施坚持唤醒全员育人的意识，以“守护每一个学生全面而有个性地发展”为中心目标，明确作为导师应承担的良师益友和家校沟通两大职责。在明确全员导师制目标与职责的基础上，通过创生运行机制撬动变革。

有温度的机制才能产生效度。为了促使全体教师在实践中感悟作为守护学生生命成长的人生导师的价值与魅力，基于“三全育人”理念引领与教育综改实践推进，我们将以往自上而下的机制拟定过程，转变为自下而上的创生过程。全员导师制管理机制也并非一成不变，而是在实践中不断动态生成、优化完善。

每位导师及导师所带领的每个团队都存在差异，我们注重将差异转化为资源，通过“倾听来自你的声音”全覆盖调研、分析的基础上，探索并形成一系列助力推动全员导师制有效实施的管理机制。其中包括：全员导师制整体推进的组织领导机制、督导共研机制、考核反馈机制；导师导育素养发展的成长导航机制、指导服务机制、问题研究机制；管理与业务一体化推进全员导师制的协作运行机制、激励导向机制、资源共享机制等。以此促动育人过程从“条块分割”转向“协同配合”，成为确保学校全员导师制有序、有效推进的“发动机”。

（二）搭建三大导育平台

浦东新区作为全员导师制的试点区之一，提出了实施“群育计划”、“谈心计划”、“玩伴计划”的行动倡议，我们基于学校实际，依托三大智能平台的创建，对此进行了有效的校本化实施。

1. 搭建“亦师亦友”云端导师工作室平台，落实“1＋2＋1”群育计划

学校通过在线选择导师，在充分尊重学生意愿的前提下，结合导师意见进行双向选择、优化调整，最终形成导师带领的成长团队，让教师人人成导师，学生人人有导师。

一是明确行动模式，组建群育团队。学校基于体量大、生源多的现实情况，实行“1＋2＋1”全员导师行动模式，即：以班级为单位配备1名导师顾问负责总体协调、全面跟踪指导，配备2名导师分工合作、具体负责，配备1个导师群育团队群策群力、协同共育。导师群育团队由导师顾问、导师、家委会代表和外聘专家共同组成。

二是研发云端平台，形成双线沟通。学校在充分调研的基础上，通过校家社共议共建，研发了“亦师亦友”导师云端工作室，美观温馨、功能强大的智能化平台包括“心语心声”“精彩在线”“心情故事”“五项自主管理”“预约家访”“心灵空间”等多个应用模块。充分体现出趣味性、交互性、实效性的云端导师工作室的创建是导师制实施的有力支撑，有效增强了导师团队的使命感以及学生的归属感和自我认同感，畅通了导师与学生、家长、导师之间的线上线下“双线”沟通渠道。

2. 依托“高科才富成长营”智能评价平台，推进“三多三少”谈心计划

为提升导师与家长之间家校沟通的效能，学校一方面通过“亦师亦友”导师云端工作室平台的线上、线下预约家访等增进沟通，另一方面依托“高科才富成长营”智能评价平台，设置面向全体家长的父母效能评价，以此引导家长有效实施“三多三少”谈心计划，即“多一点鼓励，少一点指责”，激励学生悦纳自己；“多一点商量，少一点命令”，激活学生发现自己；“多一点陪伴，少一点监管”，激发学生管理自己。

3. 创生“融创城 N^{+}”智慧学习空间，实施“五小”玩伴计划

为促进发展学生核心素养，撬动育人方式变革，家校合作研究重塑公共

学习空间，打造“融创城 N^{+}”智慧学习空间，并在导师指导下，利用空间有效实施“五小”玩伴计划，即引导学生与团队伙伴共同“主动观察提出小问题、积极互动形成小话题、乐于思辨延伸小议题、深入探讨确立小主题、合作探究剖析小课题”。近两年来，“智能健康鞋”“手拉手儿童成长互助公益平台设计”“会自动消毒的无接触式快递箱”等400多个学生课题成果在全国、市、区级创新大赛中获奖。

（三）实施四种导育策略

“1＋N”的“双减”政策切中痛点、指明方向。学校抓住契机，在全员导师制推进过程中运用“望、闻、问、切”四诊法，促使“家校同向”；通过“加、减、乘、除”解难题，促进家校“同力”。为实现“1＋1＞2”共育目标，家校携手建构了“新机制、新路径、新空间、新样态”，有效转变了家长育儿观念，提升育儿水平。

1. 倾听心声，用心把脉

全体导师顾问全程指导导师通过“望、闻、问、切”倾听家长心声，提升家校共育效能，为学生提供暖心服务。一望：开展“父母教养方式”“双减”“作业管理”“五项管理”等全覆盖的家长、学生专项调研，重点了解课后服务的现状、问题和需求。二闻：通过“课后服务”“育儿困惑”“家校沟通”等专题座谈、个别访谈等梳理困惑点、关键点、突破点。三问：通过微信研修群、专题研讨、上门家访、在线沟通等多样化的指导方式，基于问题，商议研讨，形成共识。四切：家校同心，把准方向，建立家校共育、资源共享、精准服务、激励导向等机制，提供保障。

2. 基于需求，贴心服务

在调研先行、精准把脉的前提下，导师为每一位学生提供“均衡营养餐、自助化点餐、个性化加餐”等课后服务“高品质”套餐，积极探索导师运用课后服务时间，进行“作业分层辅导、多元课程指导、健康激励引导”的导育模式探索，充分体现“双减”背景下全员导师制的独特价值。

3. 家校共研，尽心扶持

基于学生关注的科技、艺术、人文等方面的问题和需求以及成长中遇到的小困惑、小烦恼等，导师悉心指导家长共同研发百余门亲子线上微课作为课后服务丰富课程资源，并共同融校、家、社多方资源形成精品课程资源库。如“与经典同行、与成长为伴”亲子阅读，成为深受学生和家长欢迎的明星课程。

4. 搭建平台，悉心辅助

为有效提高学生“五项自主管理”的能力，依托“亦师亦友”导师工作室平台功能，由父母对作业、阅读、睡眠等居家自主管理表现，定期作出“优秀、良好、需努力”等评价，并提出个性化协作共育需求。之后由导师在课后服务时间进行个别化、针对性的引导激励，建立精准、高效的五项管理家校共育协作机制，让学生在作业、阅读、睡眠等方面的成长看得到。

（四）落实五项导育内容

学校从思想引导、心理疏导、生活指导、生涯向导、学习辅导五个维度出发，共同研究确定了低、中、高年段的导师导育内容并扎实落地。

如在线教学期间，为切实发挥好“导师制”在线育人效能，我们确保导师全员在线，育人全方位在线，成长全程在线。

1. 思想引导有高度

导师对于学生开展思想引导，要善于抓住教育契机，引入真实情境，在解决问题中让育人“在线”。如疫情期间，学校成为社区“家门口的中转平台”。导师在与学生线上交流互动过程中，发现学生们普遍对于这个变化有许多自己的观点、疑问以及想法，对此，导师们线上引导学生收集、梳理问题后，形成“家门口的中转平台新闻发布会”活动项目化学习群，带领学生制订项目方案、明确实施路径、破解瓶颈问题，并成功召开了六场新闻发布会，吸引3万余人次观看。导师们通过化“危”为“机”，积极引导学生用有温度的视角关注社会热点；用有效度的方法探索科学知识；用有担当的行动承担社会责任，得到“第一教育”和东方教育时报等多家媒体全程关注与报道。

2. 心理疏导有温度

游戏成瘾、独立学习困难、亲子关系……这些都是产生心理问题的源头，在线教学期间更是需要导师关注、关心好每位学生居家期间的心理状况，及时疏导和排解。导师们对此都常记心间、落实于行动，积极引导学生正确认识自己、悦纳自己、保护自己、管理自己。

如二年级的小程同学，疫情期间家中只有年迈的外公、外婆。作为导师兼数学教学的陆老师，与小程同学每日通过视频交流，关心他的居家学习、生活以及情绪状态，悉心陪伴、指导他安然度过了特殊时期。导师给予的这份温暖令小程全家心存感激。

3. 生活指导有宽度

在线教学期间，全校导师们指导学生定制属于自己的有滋有味的"生活套餐"：如每天关注新闻，绘制疫情变化曲线图；设计购物清单，计算家庭两天所需生活物品的数量；发挥自身特长，为抗疫的医务人员制作慰问卡；学习物品消毒、科学洗手、戴口罩等方法；与家长比赛平板撑、跳绳，共读一本书等。与此同时，导师们组织"精彩30分"在线成果分享会，其乐融融的交流互动激励着学生们的成长。

4. 生涯向导有广度

导师在疫情期间引导学生感受各行各业的工作人员为疫情防控挺身而出、义不容辞、担当作为的同时，通过小话题的交流、探讨、分享，感受社会各行各业的职业特点和独特价值，埋下职业启蒙的种子，潜移默化地让学生懂得长大后要立足本职岗位，融入未来社会，创造美好生活，体现自身价值。

5. 学习辅导有效度

线上学习容易导致学生的学习问题无法及时发现，作业没有老师实时督促，学生与家长之间的矛盾也日趋增多……这些是在线教学期间，令大部分学生和家长头痛和难以解决的问题。隔屏、隔空指导，更需要导师向前一步，主动摸清线上学习状况，精准化地帮助学生和家长快速找到解决问题的途径，营造愉悦的线上学习氛围。

每位学生的学习需求不同，所需的学习指导也不同。导师们为每个学生贴心地梳理了"学习指导"加餐，包括：文字或思维导图的知识核心点、作业注意点、预习关注点等。以此引导学生按需学习，减轻学习压力，提升学习效益。

同时，全体导师顾问负责、指导每一位导师们提升在线教育质量，从准备充分、管理有序、互动积极、关注全体、关怀个体、方法得当、激励评价、扎实有效等八个方面予以重点关注，每周集中反馈，探讨解决方法，持续优化在线教学指导成效。

（五）确定导育的途径与保障

导师充分运用导师活动课、个别谈心、主题座谈、云端对话、家访、项目研究等多种导育途径，用心、用情、用行动守护学生全面健康成长。

学校也通过提供组织、制度、平台、资源、空间、时间、激励等七大保障全方位推动、助力全员导师制的扎实落地。

三、因势利导，阶段成效

（一）从“管”到“育”的转变——促进导育课程的建设

由学校全体行政管理人员担任的导师顾问，以及由全体教师担任的导师都有明确的导育职责。导师顾问作为“导师的导师”，本着管理育人的宗旨，首先要在指导、协助导师管理成长团队过程中率先垂范，争做育人典范。其次要与所带领的导师团队，根据学生的兴趣、需求，发挥导师的特长、优势，共同研发“亦师亦友”导育课程，内容涵盖谈话类、阅读类、人文类、运动类、制作类、科创类、益智类等。再次是家校合作研究，利用技术赋能，重塑公共学习空间，融理念、融课程、融资源、融评价，在全校每周一次的“亦师亦友”导育课上，由导师带领学生们更自由地使用学校“融创城 N^+”、“中草药科普实践馆”、“培乐多”草药屋、“智能造”、“宜居港”等主题空间的智能设备，组建学习共同体，形成基于问题的实践研究项目系列，引导学生拓宽眼界、激发灵感、挖掘潜力、提升能力、发展核心素养。

（二）从“教”到“育”的转变——撬动育人方式的变革

导师导育素养的培养是提升全员导师制工作品质的关键所在。学校着力开展导育校本研修课程研发，聚焦导育素养提升，设置两大章节，七个板块，20 多个主题的研修课程，基于导师工作中碰到的“N 个怎么办”问题情境，采取线上线下相结合的，互动式、启发式、探究式、体验式等多种研训方式，如课前调查，现象思考，问题与研讨，理论解读，案例分析等，通过团队共研提出解决问题的策略、方法，并在实践中实现从“教”到“育”的转变，提升育德意识与能力。

(三) 从“服”到“育”的转变——促进育人生态的建构

学校秉承“在服务中育人，育人价值彰显服务品质”的理念，通过有温度的创新机制的动态生成和有效运行，激发每一位导师的育人力量，积极倡导人人都是育人主体，在参与、实践、管理中，实现自我反思、自我更新，从而提升育德意识和能力。我们统筹协调学校、家庭和社会的育人资源，积极构建充满温暖和生机的“育人能量场”，使学校呈现环环相扣、人人尽责、时时有力的育人新样态。

第三节　融美乐创之班级建设

学校教育的情形之一，就是“用昨天的知识，教今天的孩子过明天的生活”。这注定了是一件充满理想，也充满了不确定性的事业。因此学校教育不能只关注对已有知识的学习。否则，就有可能教不好“今天的孩子”，反而让“昨天的知识”压制了他们，更难以让他们应对“明天的生活”，因为“明天”将是充满挑战和不确定性的。

作为教育工作者，我们需要直面这样的问题：青少年的精神生活质量是怎样的？他们在学校、班级中有没有可能获得更多有尊严的生活？在班级教育中，他们的精神生命质量能否提升到更高境界？

一、班级发展的五个阶段

何为班级呢？

班：由若干个鲜活的生命组成的生命共同体，在这个共同体中的每一个生命都是无比珍贵、独一无二的，都是“王”，而每一个生命之间并非孤立，而是相互影响有着紧密联系的。

级:代表班级的创建和发展犹如走阶梯,总体呈现由低到高的发展趋势,也并非一成不变。作为班主任,应带领着学生们用心走稳每一级台阶,在引领班级不断向更高层次迈进的过程中,也积极引导、呵护着共同体中的每一个生命的精神成长,促使其生命质量的不断提升。

那么,有学者认为,班级发展一般会经历以下几个提升阶段。

第一层境界:维持班级秩序。这是最基本的境界,即班级不陷入混乱。这一境界的班级学生的发展特征是"有规范"。

第二层境界:营造学习氛围。就是在维持秩序的基础上,力争形成集体学习氛围。学科学习成为班级生活的核心;不过学习活动不是由每位学生个体孤独进行的,而是在其他同学相互联系之中进行的,学生的发展特征为"有激励"。

第三层境界:班级形成合力。与上一境界相比,这样的班级在学习知识之外还有更多文化活动。通过更丰富的班级生活,产生班级凝聚力。学生发展的更鲜明的特征是"有服务"。

第四层境界:学会自主活动。到达这一境界的班级,不仅有良好的秩序、学习氛围和班级凝聚力,更致力于培养学生自主活动的能力。包括自主管理班级事务、自主组织实施班会、自主开展小队活动等。学生发展特征是"有能力"。

第五层境界:提升精神品质。这是最高境界,关注并着力提升学生个体和班级整体的精神生活质量。这一境界让学生不仅有各种基础知识、基本能力,更有清晰的自我意识、高尚的追求、远大的志向。这种境界的学生发展特征为"有温度"。

二、班主任:守护学生成长的人生导师

(一) 班主任工作现实状态及思考

我们的体会是:仅仅靠各门学科的知识教学,是难以承担培养新人的重任的,相比之下,班级管理能发挥超越其他教育活动的、独到的教育价值。也正因为其综合性强,以至于人们难以充分把握,导致两种常见且有密切联

系的情形。一是将其看作其他教育活动之外的附属性工作，目的是为其他教育活动维持秩序、营造氛围。二是将其看作无需专业的技能性工作或事务性工作。许多人已经习惯了班主任工作的繁锁、忙碌的老黄牛形象，乃至于将班主任最核心的素养归结为“工作技能”或“绝招”，未能有效超越感悟式的个人经验、突出爱心的典型个案。这样的班级管理往往缺乏专业的教育理论、系统的工作方法，即使采取了一些绝招，也容易让人感到小智若神的匠气，而非内含大智慧的大家风范。我们倡导超越管理之事，把握教育之理，凸显班级育人价值，而非将其淹没在琐事之中。

（二）用生命教育理念赋予班主任工作新的内涵与定位

到底何为班主任？在字典中的注解是：学校中负责某一班学生学习、生活和思想工作的教师。

《中小学班主任工作规定》指出：“班主任是中小学日常思想道德教育和学生管理工作的主要实施者，是中小学生健康成长的引领者，班主任要努力成为中小学生的人生导师。”可见，班主任不仅仅是班级事务的管理者、学生学习的督促者，还是学生生命成长的引导者。

基于以上理念，我们倡导用生命教育理念赋予“班主任”以更为丰富的内涵理解。

班（班级目标）：与几十个学生一起，用心构筑一个师生生命平等对话、相互激活、彼此成就、共同成长的生命共同体。

主（学生目标）：让每一位学生都成为班级的主人，自我发展的主人，社会需要的未来主人。

任（教师目标）：以“成为每一位学生的人生导师”为己任。也就是说，班主任要成为有气魄、有智慧、能享受的守护学生生命成长的人生导师。

有气魄。从提升青少年精神生命的高度，用新的教育思想把握班主任工作，超越勤奋型或爱心型的教师形象，乃至成为具有大家风范的教育家。

有智慧。以新的班级教育思想整体性把握班级管理的更高追求和方法系统，超越散点式和平面型的工作思路，掌握立体型的系统思路。

能享受。在与学生的真诚交往和共同创造中成就教育事业、享受教育人生，超越事务型或奉献型的工作状态，进入享受型工作境界。

三、班级活动：班级建设的教育智慧

（一）善于发现，抓住班级教育契机

从促进学生主动发展，并由此促进社会实现更新性再生这一角度看，学校教育有必要超越管理型班级、学习型班级、团结型班级、自主型班级等班级形态，将新型班级创建成为民主型班级。为了实现这一目标，班级建设的一个可行策略就是：将事务性问题转化为教育性问题，为学生开发更多的教育资源，提供更多的成长体验。

所谓事务性问题，是指班级生活中出现的、有着外在价值或目的的事项。它往往表现为各种需要完成的琐事、需要解决的争执、需要应对的挑战。

所谓教育性问题，在其外在表现形式上与事务性问题往往没有差异，它是将处理上述事项的过程转化为教育学生的过程，使学生个体和班集体都得到新的发展。教育性问题就是班级生活中出现的，被用来服务于教育学生这个内在目的的事项。

能否有意识地将事务性问题转化为教育性问题，是决定能否创建新型班级的一个起点性问题，也是判断一位教师是否具有智慧的原则性问题。

在学校结构层面上，教育主要表现为两个向度的开放，一个是向外的，对网络、媒体的开放，对社区、社会的开放，以及学校间、相关教育机构的相互开放，另一个是向内的，在管理上向师生的开放和教育、教学活动中向学生发展的可能世界开放。

就班级教育来说，如果仅仅关注对外开放，我们可能会满足于引进多少外来信息、资源。但如果我们关注学生的成长，尤其是精神生命成长，我们就会进一步关注向学生内在的精神世界开放，即我们理解的“对内开放”。

就班级中的各种事项来说，如果仅仅把它看作一种自上而下布置下来的任务，或者学生正常生活中出现的非正常情形，我们就可能把它们仅仅看作达到其他目的的手段，维持正常秩序需要解决的麻烦。此时，这些事项本

身内在的教育价值尚未得到关注，更不用说进行系统的审视和规划了。把它们看作具有潜在教育价值的资源，就有可能通过对这些事项的处理，激发学生产生更多的思考、给他们提供更多的锻炼机会、为他们营造更开阔的发展空间，那么，我们就不仅仅是把这些事项当作手段、麻烦，而是当作用以敞开学生内心世界、向学生的可能世界开放的窗口，这一窗口的另一边是包括他人、社会在内的外在世界。

班级中的各种因素都有可能成为沟通学生内心世界与外在世界的窗口和渠道，通过对这些因素的利用，学生的心灵，学生的真实生活内容得以敞现，问题在集体交流中得到改善。我们通过一件件小事来一点点地丰富学生的生命，开阔他们的视野，提升他们的精神生命质量。

如果能将事务性问题转化为教育性问题，就能使别人分别处理的几件事，在我们这里综合起来一起处理，别人事必躬亲的事务，在我们这里可以交给学生处理，关键是让学生获得教益，并学会自主处理事务。只有这样，班主任才能从"事务型"转向"智慧型"。

（二）善于转化，挖掘班级事务教育价值

具体来说，我们可以从以下几方面将事务性问题转化为教育性问题，充分挖掘班级事项的教育价值。

1. 将班级常规管理转化为自主参与的机会

一个正常的班级需要有正常的生活秩序，这就离不开管理。一些教师往往将维持秩序这一基本要求作为班级建设的终极目标，于是采用各种自上而下的措施控制学生。不过，也有一些班主任超越这个目标，积极尝试让学生自主管理班级事务、让每一名学生民主参与班级生活。可能在开始阶段会出现短暂的混乱或不成熟表现，但从长远来讲，这就为学生个体提供了多方面的教育机会，包括展现自我、认识自我、理解别人、理解班级生活需要、自主管理、民主参与班级生活的机会。

班级的有序、有效管理必须紧密依靠"小干部"。关于"干部管理班级"这一话题，结合一位上海市优秀班主任，上海市教书育人楷模获得者——孙丽萍老师在这方面实践的经验，我们要思考以下两个问题。

思考一：谁来做干部呢？

把“干部”两字拆开来细细品读，“干”就是激发学生主动为班级服务，主动干；“部”就是合理部署，好比战场上的调兵遣将，把合适的人放在合适的岗位，用科学正确的方法培养他们，发挥学生特长和主动性，让学生成为班级管理的主人。因此，班主任应培养每个学生成为班级的小干部，让学生经历“想干——会干——干好”这一小干部成长的基本过程。

思考二：如何培养干部？

第一步：提高认识，我来干。班主任要将学生对小干部外在形式（如标志、称号）的渴望通过讲一讲、试一试、记一记等方法，提高到一个新的层次。

（1）讲一讲：为了让学生对小干部有深入了解，请来高年级的小干部与他们分享体会。

（2）试一试：让学生轮流体验，通过试一试的方法感受当小干部的滋味，既是锻炼，也能更全面地考查学生能力。

（3）记一记：牢记上海市少先队队长学校实训基地的队长誓词。

第二步：明确目标，我会干。

（1）按需设岗，人人上岗。根据班级发展需要，以“人人上岗”的理念，明确班级的岗位设置和人数，以帮助了解岗位要求，做到心中有底，竞选有方。

（2）因人竞岗、巧设专岗。①因人竞岗。把每一位学生的小干部愿景亮出来，获得同学们的认可是一件最光荣的事情。竞聘岗位时一说职责，二说特长，三说目标。②巧设专岗。由于班级、学生的差异性，所以各班级岗位分工设置都是不尽相同的。特殊学生将如何当选小干部，学着为班级服务呢？这就需要“巧设专岗”。

第三步：自主管理，我能干。小干部当选后，最重要的就是对小干部的培养，班主任要做的是授之以渔，让小干部在工作岗位上得心应手。不妨采用“推一把，托一把，敲一把”的方法，传授管理方法，提高小干部管理班级的能力，让小干部尽快适应岗位要求。

2. 将上级规定任务转化为激励创造的活动

班级建设是学校教育的一个部分，它必然在诸多方面受到学校整体安排，其中就包括要完成上级部门组织的各项活动，上级还会将这些活动作为规定性任务布置下来，如黑板报等。有些教师往往没有充分理解这些活动的目的，而仅仅把它们看作需要应付的任务，于是，无论是自己动手，还是指定班干部处理，都是为了外在的行为指标，取得一些荣誉，而较少关注学生在这些活动中获得的发展。如果真正关注学生是否由此获得更充分的主动发展，就会尽力从中挖掘教育价值，将它们转化为激励学生创造的活动。

3. 将学生偶发问题转化为自我教育的契机

在班级活动中出现各种分歧是正常的。对于自我意识尚未稳定、自控能力尚不成熟的青少年来说，这些分歧往往也会引起各种问题。教师如果仅仅想维持班级秩序或主要关注学生个体对集体的服从，往往就将这类问题看作维持班级和谐所需消除的噪声，仅仅满足于解决一个个具体问题，教师若能从学生个体和集体发展的角度来思考这些问题的教育价值，就会注意利用这些问题展现出的学生特点，因势利导，将其转化为学生自我教育的契机。

4. 将家庭和社会生活内容转化为教育资源

社会生活中出现的许多内容，往往会影响到学校教育。其中既有需要及时应对的各种紧急性任务，也有需要辨析的各种社会现象。如果不满足于简单地应付任务或是只关注知识学习，而是着眼于学生生命的真实成长，教师就有可能将这些与学生发展有内在联系的家庭与社会生活内容转化为建设新型班级的教育资源，而不再漠视或遮蔽已经敞开的空间。

（三）善于设计，开展主题教育活动

通过对以上案例的了解，我们不难发现，将事务性问题转化为教育性问题的主要载体就是具有系统性、针对性、层次性、趣味性、时代性、多样性等特点的主题教育活动。

1. 主题教育活动的理性思考

（1）突出一个作用：德育的生命在于有教育意义的活动。

主题教育活动是进行素质教育最经常的手段之一；是建班育人的重要载体；是发展个性、培养能力、增长才干、提高综合素质的重要途径；是密切师生关系、促进感情交流、营造和谐氛围的有效载体；是锻炼教师、促进班主

任专业成长的大舞台。

（2）坚持两个原则。一是方向性原则：社会主义方向、素养培育方向。二是教育性原则：主题、内容、形式都必须体现教育意义。

（3）增强三个意识。一是方案领先意识。首先，在设计主题教育活动方案前，要充分考虑到活动的全过程，即策划、准备、活动、反馈四个阶段。其次，在设计主题教育活动方案时，要从活动依据、活动原则、目标确定、内容制定、活动形式、具体要求等几个方面进行思考，注意突出重点，把握时机，选择恰当的活动内容，活动过程要清晰、明确、循序渐进，措施得力。最后，撰写活动方案，注意内容完整。完整的活动方案包括活动背景、活动目标、活动主题、活动准备、活动过程、活动过程等几个部分。

二是重在过程意识，即着眼于活动，着力于活动过程。

三是以美辅德意识。即在主题教育活动中要注重真善美。真，即合规律性，主题教育活动要符合社会和学生发展的需求。善，即合目的性，具有达成性和发展性的目标。美，即合审美性，能显示主体本质力量的宜人形式，包括立意美、内容美、形式美、趣味美、教育美。

（4）坚持四项标准。活动要回归学生：以学生发展为本，贴近学生、贴近生活和贴近实际。活动要体现情景：从具体入手；从实际入手；从身边入手；从情感入手。活动要强调实效：有较强的情绪反映和情感体验，情景交融，在系列活动中促进学生自我教育和自我内化，促进知、情、意、行的和谐统一，促进教师的专业成长和发展。活动要走向课程：关注教材、课程、标准，体现目标、内容、过程、评价等诸方面。

（5）树立五个观点：以德育为核心、以学生发展为本、充分发挥整体效应、力求活动实效、班主任是关键指导者。

（6）体现六大特点。①求新忌陈：做到锐意进取，立意新颖，形式不落俗套，具有时代特点；打造新思想、新路径、新标准、新特色。②求精忌粗：做到精心策划、精心准备、精心组织、精心反馈。③求活忌呆：做到生动活泼，形式多样，适合学生年龄特点，充分发挥学生特长，为其喜闻乐见。④求广忌窄：做到集思广益，参与面广，让学生主动参与，专注投入，积极活动。⑤求真忌假：做到实事求是，不任意拔高，说真话，讲真事，诉真情。⑥求实忌虚：做到联系实际，针对实情，讲究实效，不摆花架子。

2. 主题教育活动的设计实施

一个班主任若要成为学生生命成长的呵护者,为学生的精彩人生导航,引领班级这个生命共同体不断超越,就要在对班级作出客观诊断的基础上,坚持不懈地将事务性问题巧妙转化为教育性问题,并通过主题教育活动这一有效载体,予以整体规划、整合部署、有序推进,具体建议进行以下“四步走”。

第一步,具备为班级客观诊断的意识和能力是前提和基础。要善于运用“望、闻、问、切”的方法诊断把脉,分析班级所处阶段及其特征,确定发展方向。

第二步,转变观念、调整策略是核心。要将繁杂琐碎的事务性工作巧妙转化为系统、丰富的主题教育活动。切忌成为“消防员”,也不提倡“头痛医头,脚痛医脚”,而提倡“对症下药、内部整体调理”。

第三步,系统、分层实施是关键。要善于整合资源,包括家长、社区、企业、原有课程内容等的整合,形成保障。

第四步:评估反思、拓展延伸是保障。在以多样化的评价方式进行反馈的基础上,总结、提炼经验得失,并寻求新的突破点和生长点,以此促进深化、提升。

基本流程:客观把脉诊断——确定发展方向——明确学期(年度)主题——整合梳理资源——设计主题系列——分布有序实施——生成调整完善——评估反思延续。

民主型班级,最关注的就是提升学生的生命质量。我们希望,每一位班主任与学生一起度过的每一个学期,都成为师生共享的一段美丽人生,这些学生长大以后,在他们回忆起每一段班级生活时,都拥有美好的回忆、明亮的色彩、成长的感觉,在他们展望未来时,都拥有充足的自信、强大的能力、和谐的友情。这就是“智能型”班主任通过“民主型班级”建设应取得的成功。

第四节 融美乐创之阳光少年

党的二十大为中国人民构筑了新的期望,新的梦想,“办好人民满意的教育”也成为所有教育工作者共同的教育梦想。教育转型期出现了许多符合时代精神的教育新思想、新观念,促进了教育改革的不断深化。办好人民满意的教育,需要校长始终牢记立德树人、教书育人的根本任务,实现优质办学目标,切实推进教育公平。教育者要永远保持一颗充满仁爱与责任的心,并由此努力地让自己拥有改变现状与锐意进取的勇气,做坚定而又理性的改革者。

我于1995年踏上教育工作岗位,二十几年间,我始终坚持做一名有思想、有情怀、有担当的教育人。这股强大的精神力量一直指引着我:以德为先,以美养德,党员教师的生命价值在于用爱温润生命之热度;站在儿童立场,用情唤醒生命之深度;遵循儿童成长规律,用心导航生命之厚度,以此践行作为一名共产党员,一名教育人的人生价值。

一、以美养德秉初心,真知真爱慧育人

国无德不兴,人无德不立。要成为有大爱大德大情怀的教育追梦人,肩负起塑造新人的光荣使命,就必须通过学习和实践不断提升自身的师德修养和专业素养。为此,我从未停下学习的脚步,积极参加进修并获得教育硕士学位,先后参加市“双名工程”第二期德育名师基地、第四期“攻关计划”名校长基地和市德育实训基地等各类培训。

在基地学习过程中收获的不仅是专业知识,更多的是导师们用其学术涵养和人格魅力向我们传递的一种专业精神。如德育名师基地导师——全国优秀班主任黄静华,38年如一日,用心、用情走向学生的心灵深处,为学生修筑通向美好未来的道路。在她脑海中不断思索并坚持践行的始终是这样两句话——“假如我是孩子”和“假如是我的孩子”。而这种理念和精神也始终激励着我在工作学习中不断思考,心底也总有一种声音在召唤:假如我是孩子,假如是我的孩子,都是我们共同的孩子!如何给追寻梦想的孩子们引路,以爱作笔,以理当纸,在学生心里写一本很美的成长宝典?

立德树人,是中国特色社会主义教育价值取向的集中体现。立德树人,育人为本,德育为先。德育工作致力于学生思想品德和人格素养的培养,是学校工作的灵魂,贯穿于教育实践的方方面面。新时代背景下,如何重新界

定德育内涵？如何思考学校德育工作一体化建设？如何创新德育管理工作？如何构建学校、家庭、社会三位一体的协同育人格局？带着思考让我在实践中不断清晰前行的方向，并将“以美养德秉初心，真知真爱慧育人”作为自己的不懈追求。多年来，我始终紧密围绕“培养怎样的人”“研发怎样的课程”“构建怎样的育人环境”等德育核心问题进行学校层面设计、科研引领、全面推进。通过融入校园文化建设，融入课程体系建设，融入师资队伍建设，融入教育教学全过程，融入学校管理评价和校家社协同育人机制建设，实现学校德育工作一体化思考与实践。

二、遵循生命成长规律，感悟生命之美

成为一个温婉而坚定、淡定而执着的追梦人，既要有仰望星空的教育梦想，更要有脚踏实地的教育实践。让每一个学生都能触摸到“真”的力量；让每一个学生都能觉察到“善”的导引；让每一个学生都能感受到“美”的熏陶，这才是引导学生践行社会主义核心价值观的关键所在。每一个孩子都是一个鲜活而独立的生命个体，实施有温度而有高度的教育的前提是读懂孩子、理解孩子。我们都知道，中医讲究“望、闻、问、切”，重在内部调理，其实育德也是育心的过程，同样需要我们通过“望、闻、问、切”，细心观察、了解孩子；耐心倾听、读懂孩子；用心沟通、理解孩子；助力规划、成就孩子。

在此基础上，我把“立德树人”作为学校工作的重中之重，并针对“道德教育易出现知行不一，知而不为的道德失衡现象”，在学校德育工作的顶层设计中，在尊重生命生长规律的前提下，以学生喜闻乐见的方式导入对生命美育的关注，从生命的角度思考道德人格的塑造，通过挖掘生命教育的德育功能，积极探索基于生命美育的道德教育模式的建构，使小学生在对生命美的探究与追问、发现与理解中，学会用审美的眼光鉴别真假、善恶、美丑。由此传递向上向善的价值观，引导学生向往和追求讲道德、尊道德、守道德的生活，为其品格美、人格美、心灵美的培养奠定基础，让学生在“学真知、悟真爱、做真人”的过程中，获得情趣、认知、精神、行为上的成长。

首先，引导学生发现、感受、创造生命的美。生命体验是道德人格形成的原点，有助于学生进行道德的自我建构，从而促进道德人格的完善及发

展。在迎校庆的日子里，我积极引导学生将爱心众筹所得善款为社区的110位独居老人捐赠爱心助老电话机，保障独居老人的生命安全，并成立110支志愿服务队结对开展长期服务。重阳节来临，学生们自制了精美糕点上门看望老人；发现独居的爷爷奶奶晚上起夜不方便，就研究发明了智能化的感应电灯作为礼物赠送；学生们还撸起衣袖在学校开地种菜，将开心小农场种植的新鲜蔬菜定期送给老人，而结对的空巢老人们也发挥自身特长，教学生们书法、绘画、太极和保健养身，鹤发童颜，其乐融融。学生们在为期多年的爱心助老服务体验中，从热爱生命、乐观向上的独居老人身上，懂得了如何珍惜自身生命安全和健康，感受了生命守望相助的美好，并用实际行动学会了更好珍惜身边的家人。

其次，引导学生发现、感受、创造生活的美。教育是一个把自然人转化为社会人的过程，新时代的德育，就是引导学生把社会主义核心价值观内化于心，外化于行。如六一庆祝活动，学校采用线上线下相结合的创新方式，引导学生以现代浦东小主人身份，感谢浦东改革开放作出贡献的各行各业的建设者，以“致敬先锋、筑梦未来，长大后我就成了你”为主题开展了“我为浦东颂赞歌”歌曲创编，“我为浦东炫成果”创意作品展，“我为浦东绘未来”创想画，“我为浦东写心声”畅想诗词，“我为浦东翻回忆”颂发展等各年级实践成果分享活动，以此让学生领悟美好生活靠劳动创造，并立志长大后成为爱岗敬业、诚信友善、服务社会并创造美好生活的生力军。

再次，引导学生发现、感受、创造生态的美。学校一直依托地域优势资源，研发实施系列化的中草药课程，通过看、摸、闻、尝、种等各种途径，从不同角度观察认识植物的药用价值，感受中医的“药食同源”思想。为让学生对生态美有更为深刻的体验，我们让学生种植、观察药用植物，并通过自然笔记的方式，用文字和绘画记录、感受、呈现植物生长的美。我们通过“智慧花园”等主题的项目化学习方式，力图将学生自然生活、社会生活和个人生活融为一体，让学生创造性地运用AI技术等智能化手段为植物生长创设更优质的条件，在多元的学习情境和丰富的情感体验中认识自然、社会和自我。我们还拓展、调整、优化中草药课程，以“呵护童真童趣、促进全面发展”为主题，以“中草药衍生产品的研发和创业”为主线，与校内“创业街”“创趣园”等系列课程实现联动融合，打造“学—研—产—用”一体化的项目式课程，融入劳动教育，开展深度学习，让学生们了解中医药知识，提高生命健康意识，增强文化自信，并立志传承发展博大精深的中医药文化。

三、建构和美育人格局，沐浴幸福磁场

在多元开放办学的理念指引下，学校积极架构全员、全程、全方位协同育人的格局，创设充满温暖和生机的“教育生命场”。这让守护学生成长的重要意义愈发凸显。此时，不由让我想起多年前的一位学生妈妈，一见到我就泪流不止，说因教育孩子的意见不一夫妻关系恶化、离异，自己一夜之间头发全部脱落，问我怎么办。虽说后续经过沟通、协调挽回了婚姻，孩子也在家校携手之下进步明显，但由此却让我深刻意识到“一个孩子就是一个家庭的整个世界”，从而也体悟到身负责任之重大。

从此，我会更多地站在孩子父母的角度去思考，家庭教育的本质是什么？家长如何成为孩子的伙伴和灯塔，家庭如何成为孩子的土壤和港湾？如何为家长提供更为有效的家庭教育指导？带着这样一些思考，我着力开展了建构校家社协同育人格局的实践研究，坚持“共研、共育、共赢”的原则，通过“线上与线下交互共融、自研与共研齐头并进、研习与运用融会贯通、校内与校外携手共育”实施路径，通过“多维联动、资源共享、项目引领、激励共赢”等实施策略形成了“浸润、互助、共赢”为特点的家庭教育指导模式。如线下通过系列化的家庭教育指导工作坊培训，以案例分析、现象讨论、头脑风暴、探寻行为背后的原因，来指导家长用心解读孩子，真正读懂孩子；通过家庭心理情景剧还原、呈现真实的亲子关系和家庭教育现状，由此在现场互动、交流、分享、碰撞中逐步形成共识、体悟有效方法。线上通过学校家委会公微持续推送优质资源、育儿经验；通过每个班组建若干个“高科才富成长营”家庭互助研修群，开展常态化研讨和主题式集中研讨，形成经验随时可分享、困惑随时有人帮的局面，有效缓解了家长育儿焦虑，深受家长欢迎。

团队共建，互伴共学，互爱共乐，互信共赢的家校共育氛围，让家长深切意识到：尊重信任是船，理解包容是帆，沟通合作是桨，和谐共赢是美妙风景。由此，也实现了家长们从被动接受到主动参与，从关注个体到关怀群体，从焦虑无助到群策群力，从挑剔误解到家校共荣的转变。家长育儿的责

任意识不断增强，育儿能量持续提升。

幸福是一种感觉，你感受到了便是拥有。作为一名老师、作为孩子的父母，应该蹲下身、仰起头、摊开手、握紧拳，一起陪着孩子慢慢走，欣赏沿途的风景，倾听拔节的声音，体验成长的快乐，用心体验孩子们给予的生命中的感动，坚定地陪着他们慢慢领悟：要幸福地生活在这个世界上，需要在过程中收获体验，在体验中收获成长，实现充实而完满的人生。这就是一种包含着甜酸苦辣丰富滋味的美好和幸福！

四、培育尚美课程文化，自主个性成长

教育犹如一根扁担的两头，一头挑着学生的今天，一头挑着祖国的未来。做人的根本是道德，成才的根本也是道德，育人先育德，心美引善，归心向善，学校课程有着其独特的育人价值。

作为上海市小学低年段主题式综合实践活动这一市教委课改重点项目的实验校，高科实小以“张江科学城”区域文化为教育资源，遵循儿童立场，研发游戏化、项目化的“创趣园”综合实践活动系列课程。该课程围绕“我与自己、我与社会、我与自然”三个维度，从“幸福觅趣园”“幸福智趣园”“幸福践趣园”三个层面设计形成了“兴趣、志趣、乐趣、情趣、意趣、雅趣、奇趣、妙趣、理趣”等 9 个主题、72 个活动 288 课时的课程内容框架。高科学子通过“创读、创玩、创乐、创思”，在科学绘本阅读中创设对话情境、丰富生活体验、了解“创”之社会价值；在学习中认识自己、自然和社会、获得深度体验，感受“创”之社会价值；在实践中带着问题进课堂，带着课题去旅行，形成“工匠”式的学习特点，践行“创”之社会价值，从而让成长悄然发生。

后疫情时代，我们的学生将以怎样的态度、精神和素养去应对挑战才能赢得未来？如何培养出“求真、崇善、向美”，能融入未来社会，创造美好生活的时代新人？面对新的形势，我们带着新的挑战已启动实施新的课程蓝图。

张江科学城将以“一心一核，多圈多点，森林绕城”为目标，建设科创为特色的市级城市副中心。未来五年，高科实小也将立足实际，进一步深化体现“多元融合、开放融入、统整融汇”为特点的学校课程体系建设，围绕“五育并举、融会贯通、创新发展”为课程目标，架构“一心一核、多圈多点、绿色环

绕”的课程新格局，并着力打造“融·创”文化，以此努力实现历史与未来的融合；中医药文化与现代科创文化的融合；德、智、体、美、劳“五育”的融合；打破各学科壁垒，趋向跨界的深度融合；校家社三位一体教育格局的融合。学校将积极引导、培育学生“融”入未来社会，“创”造美好生活，为成就幸福人生奠基。

办好人民满意的教育，需要校长始终牢记立德树人、教书育人的根本任务，实现优质办学目标，切实推进教育公平。在办学过程中，校长要善于审时度势，努力成为依法办学的践行者；善于全局规划，努力成为共同愿景的谋划者；善于整合资源，努力成为优质课程的建构者；做到率先垂范，努力成为专业提升的引领者；乐于更新理念，努力成为学生需求的关注者；善于统筹调适，努力成为育人文化的先行者；善于运筹帷幄，努力成为学校发展的推动者。我深知：这是一段充满挑战的路程，需要无私付出；这是一段充满未知的路程，需要大胆探索；这更是一段饱含责任的路程，需要奋发进取。责任在肩、使命在身，心系党旗，心怀梦想，一路前行……

参考文献

[1] 教育部基础教育司. 中小学德育工作指南实施手册[M]. 北京：教育科学出版社，2017.

[2] 教育部. 义务教育课程方案(2022 年版)[M]. 北京：北京师范大学出版社，2022.

[3] 教育部. 义务教育语文课程标准(2022 年版)[M]. 北京：北京师范大学出版社，2022.

[4] 核心素养研究课题组. 中国学生发展核心素养[J]. 中国教育学刊，2016(10)：1-3.

[5] 师保国，高云峰，马玉赫. STEAM 教育对学生创新素养的影响及其实施策略[J]. 中国电化教育，2017(4)：75-79.

[6] 陈静静. 创新素养培育的实践误区与解决方案——基于创新素养模型、阶段特征与人才类型的剖析[J]. 教育发展研究，2017，37(18)：70-77.

[7] 刘慧. 让生命回到教育的主场[J]. 人民教育，2020(7)：28-31.

[8] 徐莉莉，刘建明. 利用智慧信息化手段改进高校大班制理论课堂教学[J]. 中国教育技术装备，2020(12)：116-118.

[9] 蔡苏，焦新月，杨阳，等. 5G 环境下的多模态智慧课堂实践[J]. 现代远程教育研究，2021，33(5)：103-112.

[10] 彭爱国. 推陈出新　培养学生的创新思维[J]. 成才，2022(14)：27-28.

[11] 李继星. 我国现代学校制度建设的理论研究与实践探索[J]. 未来教育家，2013(Z1)：6-10.

[12] 孙向东. 完善学校管理机制的认识与实践[J]. 现代教育科学，2006(5)：75-77.

[13] 李政涛. 为学校变革寻找“机制之魂”[J]. 中小学管理，2009(4)：1.

[14] 扎西. 激励机制在中小学学校管理中的实践策略[J]. 华夏教师，2019. 10(中)：5-6.

[15] 王瑞森. 中小学学校文化建设研究[D]. 武汉：华中师范大学，2007.

[16] 胡培卿. 教师专业发展的学校管理机制研究[D]. 福州：福建师范大学，2010.

[17] 王星. “未来学校”已来，大规模“因材施教”理想照进现实[N]. 文汇报，2021-12-22.

[18] 教育部关于建立健全中小学师德建设长效机制的意见[EB/OL]. (2013-09-02)[2022-10-20]. http://www. moe. gov. cn/srcsite/A10/s7002/201309/t20130902_156978. html.

[19] 教育部关于加强家庭教育工作的指导意见[EB/OL](2015-10-16)[2020-20-20]. http://www. moe. gov. cn/srcsite/A06/s7053/201510/t20151020_214366. html.

[20] 教育部关于印发《中小学综合实践活动课程指导纲要》的通知[EB/OL]. (2017-

09-27)[2020-10-20]http://www.moe.gov.cn/srcsite/A26/s8001/201710/t20171017_316616.html.
[21] 中共中央、国务院印发《深化新时代教育评价改革总体方案》[EB/OL].(2020-10-13)[2022-10-10].http://www.moe.gov.cn/jyb_xxgk/moe_1777/moe_1778/202010/t20201013_494381.html.
[22] 教育部等六部门关于印发《义务教育质量评价指南》的通知[EB/OL].(2021-03-04)[2022-10-20].http://www.moe.gov.cn/srcsite/A06/s3321/202103/t20210317_520238.html.
[23] 教育部办公厅关于开展第三批新时代高校党建示范创建和质量创优工作的通知[EB/OL].(2021-10-20)[2022-10-11].http://www.moe.gov.cn/srcsite/A12/moe_1416/moe_1417/202110/t20211029_576185.html
[24] 中共中央办公厅.关于建立中小学校党组织领导的校长负责制的意见(试行)[EB/OL].(2022-01-26)[2022-10-30].http://www.moe.gov.cn/jyb_xwfb/s6052/moe_838/202201/t20220126_596515.html.
[25] 教育部关于印发《中小学班主任工作规定》的通知[EB/OL].2009[2022-10-10].http://www.moe.gov.cn/srcsite/A06/s3325/200908/t20090812_81878.html
[26] 上海市人民政府关于印发《上海市教育发展"十四五"规划》的通知[EB/OL].(2021-08-27)[2022-10-10].https://www.shanghai.gov.cn/nw12344/20210827/3eb4bdfdfe014bbda40ff119743b74f0.html.
[27] 习近平这样阐释教育的根本任务[EB/OL].新华网,2019-03-18[2022-10-10].https://baijiahao.baidu.com/s?id=1628307741366378804&wfr=spider&for=pc.
[28] 李政涛:直面ChatGPT,教师如何绝处逢生?[EB/OL].(2023-03-20)[2022-10-20].https://www.sohu.com/a/656648891_121124338.
[29] 颜维琦,孟歆迪.于漪:教师心中要有中国的灯火[N].光明日报,2020-02-01.
[30] 华明.坚定共产主义信仰,毫不输理[EB/OL].(2015-11-07)[2023-05-10].https://weibo.com/p/1001603906670416799708.
[31] 李朝波.领导干部要有好心态[EB/OL].(2022-05-09)[2022-10-25].http://www.sx-dj.gov.cn/a/jwsp/20220509/67308.shtml.
[32] 万丽华,蓝旭,译注.孟子[M].北京:中华书局,2012.
[33] 陈晓芬,徐儒宗,译注.论语·大学·中庸[M].北京:中华书局,2011.

索 引

J

K

L

P

Q

R

Y

Z